古邑江陰

沈鵬題

文物出版社

装帧设计／袁振宁
摄　　影／汗　竹　孔维贤
　　　　　庞志君　黄　丰
责任印制／梁秋卉
责任编辑／王　戈　李缙云

图书在版编目（CIP）数据

古邑江阴／江阴市文化广电新闻出版局编著．— 北京：文物出版社，2010.12
ISBN 978-7-5010-3096-5

Ⅰ.①古... Ⅱ.①江... Ⅲ.①江阴市—概况 Ⅳ.①K925.33

中国版本图书馆CIP数据核字（2010）第227724号

古邑江阴

编　　著　江阴市文化广电新闻出版局
出版发行　文物出版社
地　　址　北京东直门内北小街2号楼
　　　　　邮政编码　100007
　　　　　http://www.wenwu.com
　　　　　E-mail:web@wenwu.com
制版印刷　北京圣彩虹制版印刷技术有限公司
开　　本　889 × 1194毫米　1/16
印　　张　19.75
版　　次　2010年12月第1版第1次印刷
书　　号　ISBN 978-7-5010-3096-5
定　　价　360元

古邑江阴

沈鹏题

编　著

江阴市文化广电新闻出版局

序

经过一年的精心策划和精心选择，《江阴文物精华》、《古邑江阴》在江阴市委、市政府领导的高度重视下，终于完成了。

近几年，江阴市变化很大，特别是在抓经济发展的同时，还加强了文化建设。《江阴文物精华》、《古邑江阴》的编辑出版，充分证明了江阴市委、市政府在建设国家历史文化名城的进程中，始终将文化遗产的保护和展示放在首位。

2008年深秋，我和徐苹芳、黄景略、马自树等应江阴市政府龚振东副市长的邀请，考察了江阴历史文化街区，并就保护规划，听取了整治方案的介绍。在全国历史文化名城保护面临困难重重的今天，江阴能在无锡市委统筹协调下，积极推动历史文化名城的申报，这是令人称赞的事。

江阴，一座历史悠久的江南古城，早在7000年前就创造了独具特色的文化。其地滨江近海，地势险要，历来是兵家必争之地，至今黄山炮台遗垒犹存。

本书是作为申报国家历史名城的附件，它反映了江阴地区丰富的历史文化，也彰显了本地文化遗产的保护方面的成果。近年来有些地方热衷于各种各样的“达标”、“评优”、“创建”等活动，其结果是活动内容真假虚实，鱼目混珠，所以，在一些政府领导干部的心目中自然形成了只要经过一番人为的“努力”，名城是可以“创建”“达标”的，这是一个误区。

“名城”的概念是在总结了国内外的经验教训的基础上提出来的。如西方某些国家，在资本主义原始积累阶段的大规模开发过程中， 破坏了大量的历史文化遗产，造成了永远的损失和遗憾。现在有些国家具有50年历史的建筑就不能随便拆除了。今天，我们公布“名城”，主要目的便是为了在城市规划建设中使其存在的历史文化遗产得到更妥善的保护，同时发挥它们的综合效益，为社会主义精神文明建设服务。

城市是历史文化的载体，它无声地传承人类文化。对历史街区进行修缮和整治，不能为了利益所驱动，拆了真古董去造假街坊。

《江阴文物精华》、《古邑江阴》是江阴文博工作者在市委、政府和文化局各级领导的大力支持下，呕心沥血、千锤百炼的心血结晶，我想学界和社会广大读者会给予它以应有的评价。

祝江阴国家历史文化名城的申报一帆风顺，早日好梦成真。

谢辰生

中国文物学会名誉会长

2008年12月25日

序

上世纪90年代之初，因良渚遗址保护事，从此开始了我和江南的密切交往。我到过许多江南的城镇与乡村，去过次数最多的自然是良渚所在的余杭，其次，江阴就得位列其中了。

江阴清山秀水，人文底蕴丰富。江阴人南北兼容的独特性格，勤劳率直，聪敏达时，刚烈勇敢，深富人文魅力。在这块土地上，考古遗存与历史文献证实，至迟于距今7000年就已存在了自具特色的灿烂文化，和距今5000年良渚文化的居民就在此地创造了高度发达的早期文明，从此，历史延绵不断，江阴的土地，为中华大地增彩，江阴人民，孕育翘楚，为中华民族增辉。

戊子初冬，丹青来电话邀我为《江阴文物精华》、《古邑江阴》作序。江阴是我的故友俞伟超的故乡。俞伟超为中国考古学的发展作出了杰出贡献，是考古学的排头兵。他生前为认识江阴历史，为促进江阴考古学研究和江阴的文物保护奔走呼号。考古界认识江阴与俞伟超密不可分。同时，江阴历届中共市委、市政府，在推动考古学认识江阴和文物保护方面均积极努力，确实作出了重要贡献。这些因素的综合，加上客观条件，江阴的考古曾两度被评为十大考古新发现，同时，江阴市人民政府于2000年被国家文物局授予“文物保护突出贡献奖”。后者是一项殊荣，因为江阴市人民政府是迄今为止全国唯一获得此项奖励的地方政府。出版《江阴文物精华》、《古邑江阴》，刊布馆藏文物，是江阴为纪念改革开放30周年

的献礼，也是江阴建设历史文化名城的一项工作。作为江阴的老朋友，吾当赞之也。

《江阴文物精华》、《古邑江阴》刊布的文物，均见证了历史，反映了不同历史时期多姿多彩的艺术风格和别具特色的文化传统，透过合理的画面，准确而简练的文字介绍，那凝聚着人类意志与毅力，闪耀着理性与智慧光辉的质朴、淡泊、玲珑剔透、细腻精致、栩栩如生的文物，彰显了江阴积淀深厚的文化底蕴和魅力。

我感谢江阴文物遗产的守望者们为精心编辑《江阴文物精华》、《古邑江阴》所付出的艰辛，同时，我也希望《江阴文物精华》、《古邑江阴》的出版，在遵循我提出的“传承、吸收、融合、创新”的文化演进规律的道路上，与守望民族文化家园的同时，为融合外来的先进文化，推进民族文化创新的文化建设发挥一份作用。

張忠培

中国考古学会理事长

2009年1月12日于小石桥

前言

江阴是一座具有悠久历史的江南古城，有着7000年的人文史，5000年的文明史，3800年的筑城史和2500年的文字记载史。在漫长的历史长河中，勤劳智慧的江阴人民创造了丰富多彩、弥足珍贵的文化遗产。绵绵文脉延续数千年，众多的文物遗存印证着江阴深厚的历史文化底蕴。

一方水土养一方人，奔腾不息的长江水滋养了一代代江阴人，也孕育了江阴人刚烈率直、勤劳勇敢、南北兼容的独特性格。“人心齐，民性刚”的人文精神生生不息，“敢攀登，创一流”的时代精神赋予其新的内涵。

地以人贵，人以地传。江阴为泰伯化育之乡，季札逊耕之地，数千年青史延绵，人才辈出，史不绝书。明代伟大的旅行家、地理学家、游记文学家、千古游圣徐霞客，清末民初创办江南、京师图书馆的“现代图书馆之父”缪荃孙，中国文化史上彪炳千秋的“刘氏三杰”刘半农、刘天华、刘北茂昆仲便是其中的杰出代表。现代的江阴更是群星灿烂，在这块土地上先后孕育了17位中外科学院院士，81名重点高校校长，41名共和国将军。

优越的地理位置，深厚的历史文化底蕴，使江阴成为江防要塞、历代兵家必争之地，吴文化的重要发源地，中国民乐之乡和崇文重教之地。众多地面文物和丰富藏品是江阴几千年历史的缩影，是不可多得的文化遗产，是极为宝贵的财富，是体现城市个性和特色的源泉，也是不可再生的珍贵资源。它既是江阴灿烂历史文化的物化成果，又是江阴悠久历史的见证，也是我们进一步生存和发展的重要基石。为此我们有责任加强保护，使之延续后世。

“加强文化遗产保护，申报国家历史文化名城”一直是江阴历届市委、市人民政府为之奋斗的目标，也为此做出了不懈的努力。2000年江阴市人民政府被国家文物局授予“文物保护突出贡献奖”，是当年全国唯一获得该项殊荣的地方政府。2001年江阴市被江苏省人民政府公布为“江苏省历史文化名城”，为我们申报国家历史文化名城打下了坚实基础。

江阴市委、市政府积极贯彻落实党的十七大关于“推进文化大发展大繁荣”、“兴起社会主义文化建设新高潮”的方针，把申报国家历史文化名城作为文化建设的重大举措，有着极其重要的现实意义和深远的历史意义。在一定意义上讲，未来城市之间的竞争是文化的竞争，一个城市如果

没有深厚文化底蕴和先进文化的引领，必然会因为缺乏“软实力”而在竞争中落伍。申报国家历史文化名城，能提升城市文化品位，全面提高对历史文化遗产的保护水平，有利于发展现代城市先进文化，优化城市环境，提高公众的文化素质，促进社会的文明进步。

因此，我们要按照“护其貌、显其颜、铸其魂、扬其韵”的理念，切实加强文化遗产保护，全面挖掘历史文化内涵，彰显江南名城文化底蕴，打造城市文化品牌，使江阴真正成为与优秀传统文化相承接，与世界文明相贯通，与经济和社会发展相辉映的历史文化名城。

为充分展示江阴悠久的历史文化和丰厚的历史遗存，我市编辑出版了《古邑江阴》和《江阴文物精华》这两本图册。前者以地面文物为主，着重反映江阴的文化遗址、历史文化街区、古镇古村、名人故居、工业遗产、军事遗存、古桥梁等，包括各级文物单位及尚未公布为保护单位的重要文物。后者以江阴博物馆馆藏文物为主，分玉石器、陶瓷器、青铜器、金银器、书画、宗教文物、服饰、杂件、近现代文物等类别，所刊250余件文物是从13000余件藏品中遴选出来的精品。画册真实、系统、全面展现了江阴的悠久历史和古代先民的伟大创造，旨在让更多的人通过解读江阴历史从而认识江阴，并从各个方面关心支持江阴的建设与发展。我坚信，具有悠久历史和灿烂文化的江阴，必将在走科学发展之路、向现代化目标迈进的过程中不断铸造新的辉煌。

中共无锡市委常委

江阴市市委书记

2009年3月28日

目录

古邑江阴

江阴，简称澄，古名暨阳，位于江苏南部，长江三角洲太湖平原北端。明代伟大的旅行家、地理学家徐霞客在其《溯江纪原》（即《江源考》中）说："余邑不特为大江尽处，亦南龙尽处也，龙与江同起于昆仑，同尽于余邑……"。对江阴的地理位置作出了精彩的描述。地处江尾海头的江阴滨江近海，黄山、君山雄峙江干，与靖江的孤山隔江相望。万里长江自京口折向东南，奔腾到此骤然收束，江面最狭处仅1.25公里，形成重险，而后滔滔入海，故江阴素有"江海门户"、"锁航要塞"之称。沿江诸山以黄山为中干，其西衔鹅山、君山，东接萧山、长山、巫山，逶迤10余公里，成为平畴沃野的天然屏障，构成了江阴"枕山负水"、"水环峦拱"的地理形势。君山西北，即为楚春申君黄歇所凿黄田港，为江潮出入之总汇。北与靖江八圩港相呼应，南以锡澄运河为纽带沟通长江和太湖水系。江阴港城相依，腹地宽广，宋《太平寰宇记》称之为"三吴襟带之邦，百越舟车之会"。

江阴独特的地理位置，使之成为历代兵家必争之地。早在春秋晚期，吴国筑石室于黄山席帽峰，"为烽火之所"。自此，江阴逐渐成为江防要塞，连年战争不断。南北朝时，宋文帝刘义隆抗击北魏南进，沿长江陈舰列营六七百里，建立防线。此后，历代水师、陆军并设，发挥着江防兼海防重镇的作用。南唐罗晟及南宋抗金名将岳飞、韩世忠、刘光世等都曾先后在黄山屯兵驻防。签判赵良珂抗击蒙古水师，在江阴

江海门户

江西焚舟千余。元末，朱元璋大破张士诚于巫子门。明代中叶，为防倭患增修江阴城垣，筑靖海、朝阳二关和杨舍城堡，并于沿江构烟墩数十处。崇祯八年（1635年），在黄山之大、小石湾筑炮堤置炮抗倭，清代历朝都有扩建。第一次鸦片战争失利后，于道光二十三年（1843年），扩建大、小石湾三合土暗炮台，配置重万斤"耀威大将军"和重五千斤"振武将军"大炮数十尊。光绪年间，清政府鉴于"长江为南洋门户，江阴尤为中路扼要之区"，为防外舰入侵，在黄山东山坡和西山坡及对岸修筑混凝土圆周式炮台，配置德国克虏伯后堂炮70门，其中南岸55门，北岸15门，并由东至西重新编列台号：右翼1～6号台，中权7～10号台，左翼11～14号台，北岸15～17号台，统称"沿江四路炮台"，并重金聘请德国朱臻仕为总教习。

1912年10月12日，孙中山先生视察黄山炮台，将土炮台改为洋炮台，配置更为先进的克虏伯巨炮，后又多次扩建。1935年，江阴要塞成立炮台总台，在山巅和山脊建成钢筋混凝土永久性炮台，并建弹药库、指挥台、观察所、机枪掩体等辅助设施，体系完备，火力强大，成为"弹发一丸，海门可塞"的闻名中外的江防要塞。1937年，中国军队在江阴江面与日军展开了持续两个多月的海空激战。1949年4月21日，中国人民解放军百万雄师横渡长江，中共地下党策动江阴要塞7000余官兵起义，成为整个渡江战役胜利的关键。20世纪70年代，中国航天远洋测量船基地进驻江阴。从此，昔日的江海门户、江防要塞担负起新的历史使命。

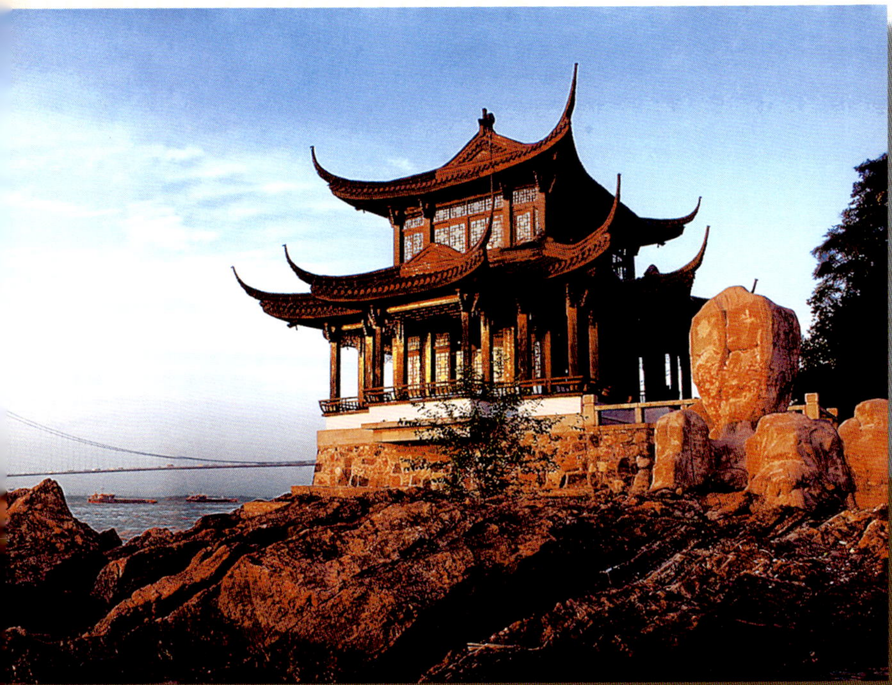

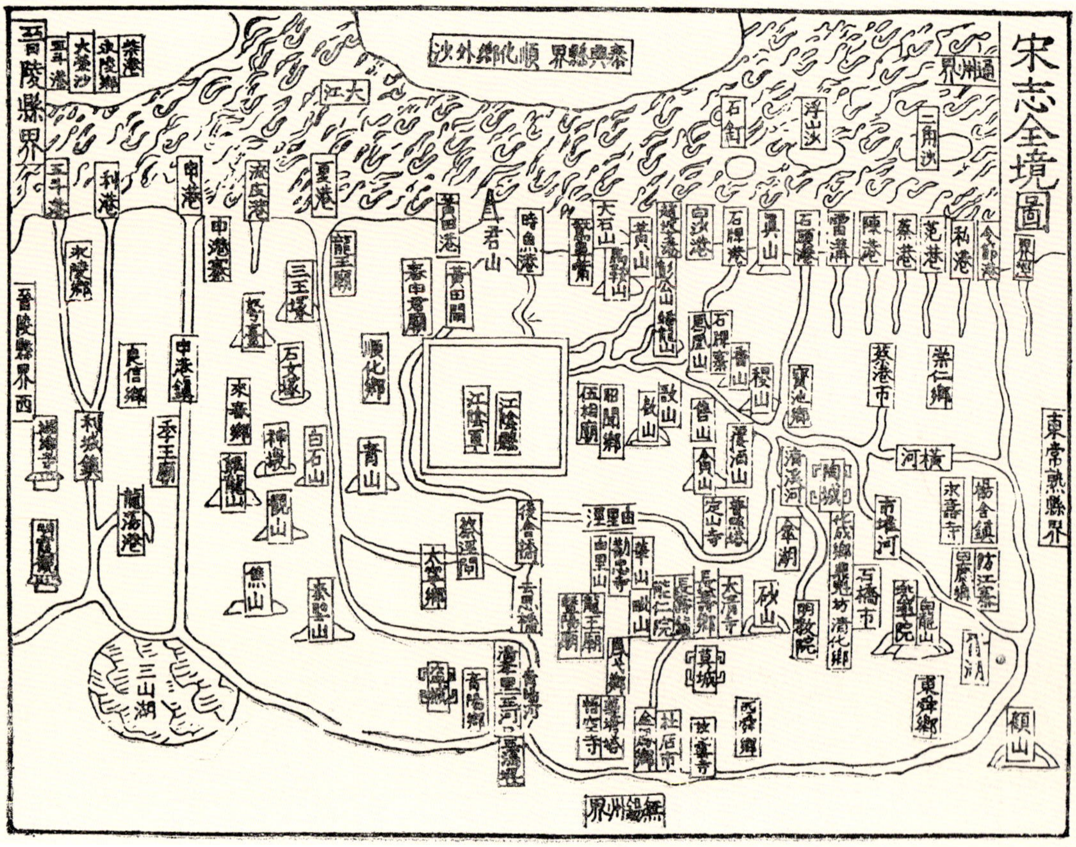

宋江阴全境图

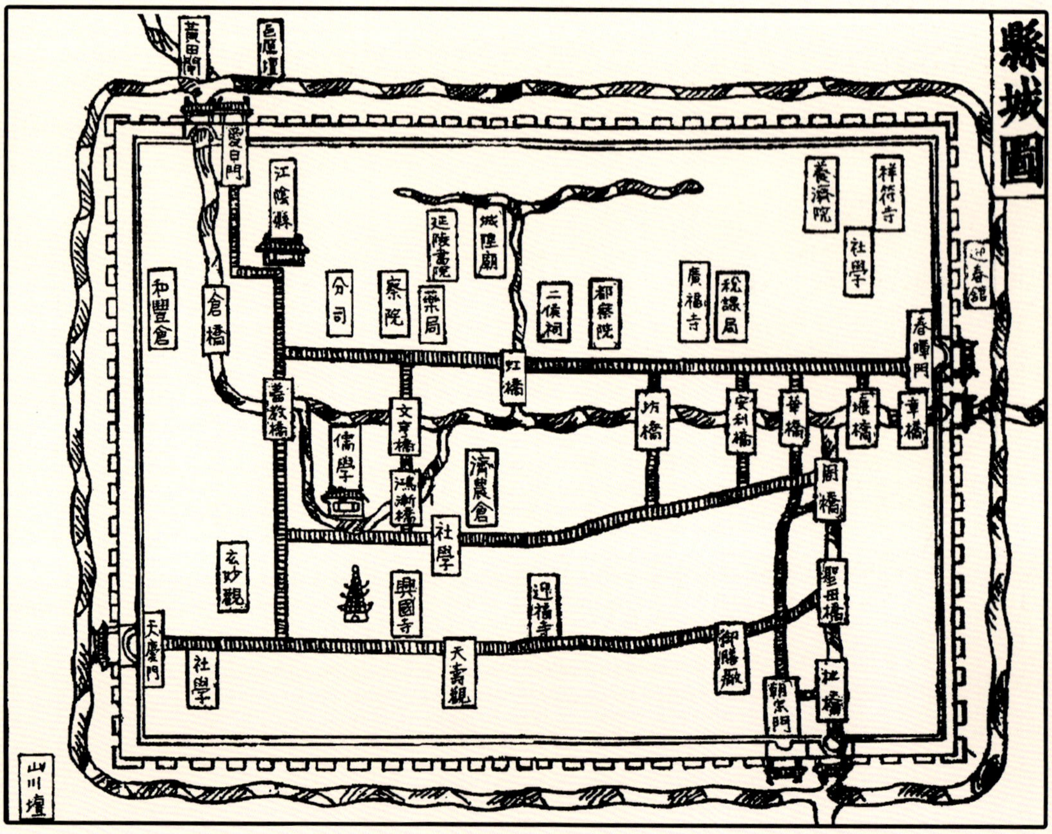

明江阴县城图

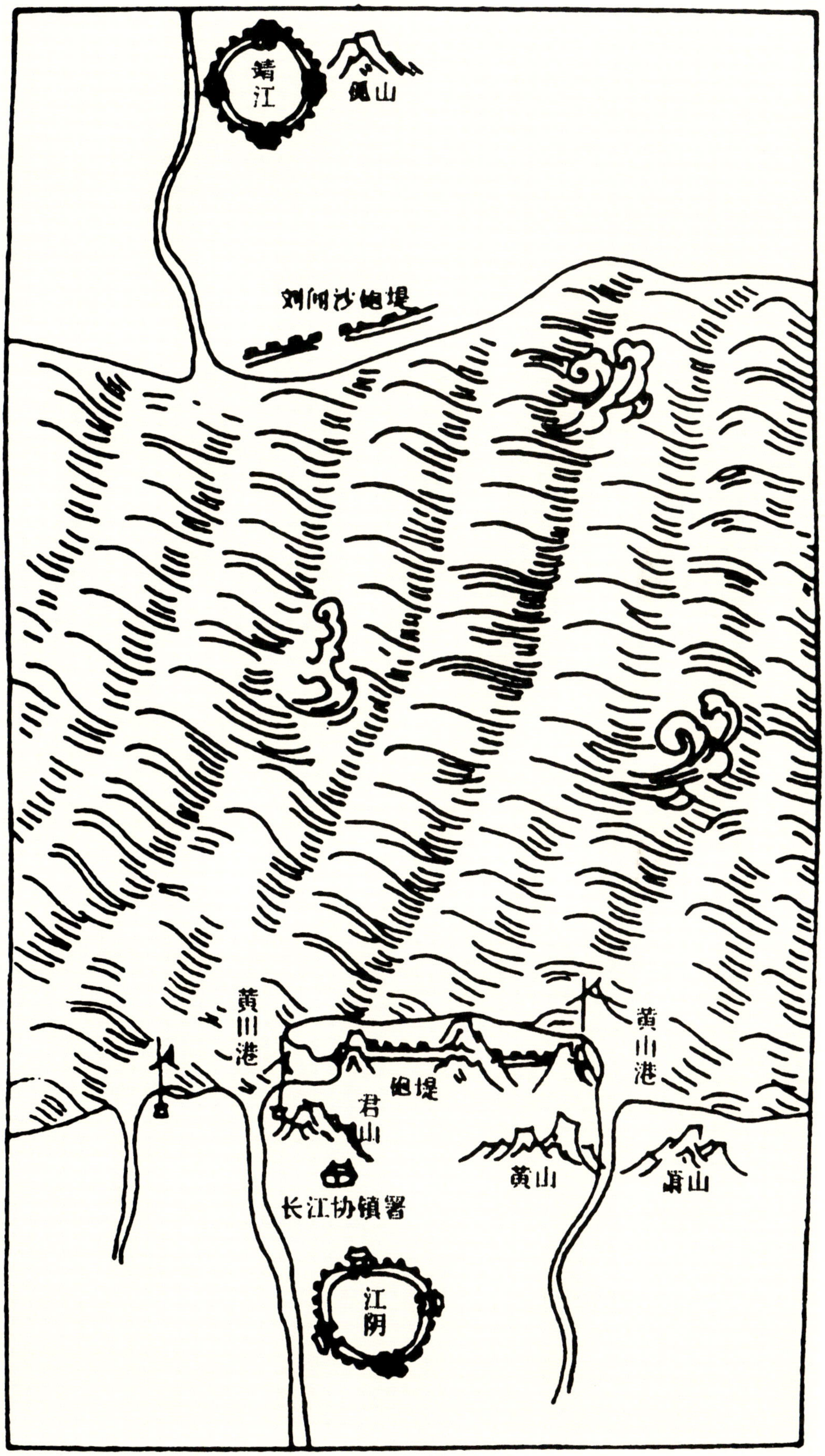

明江阴长江形势图

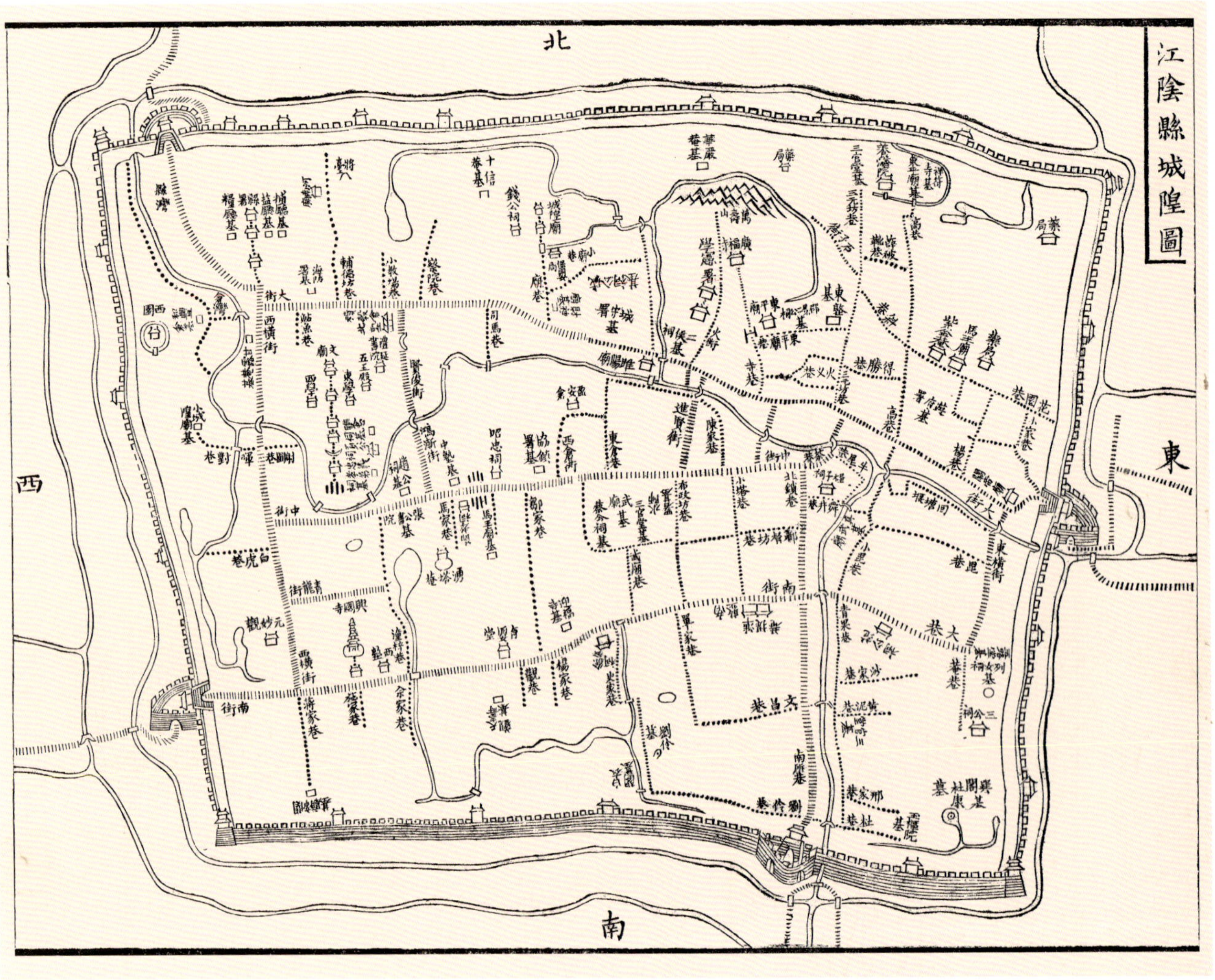

清江阴县城隍图

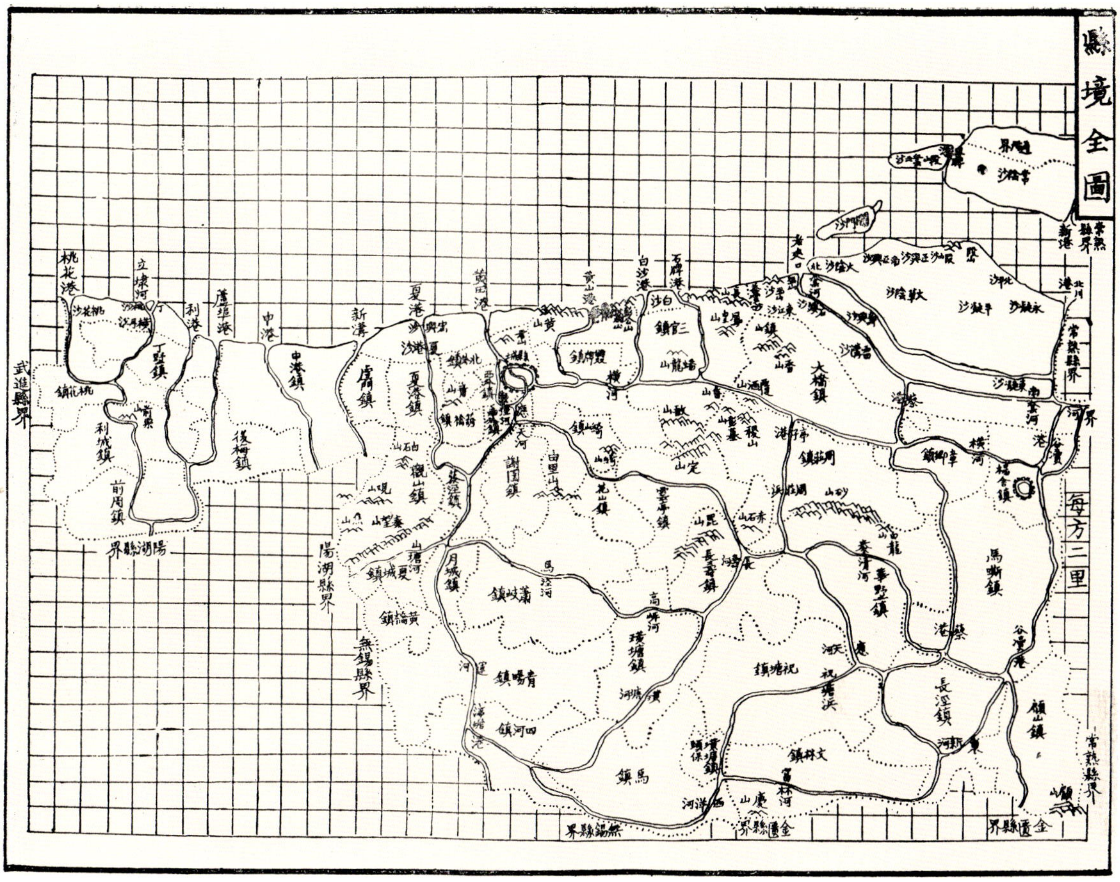

清江阴县境全图

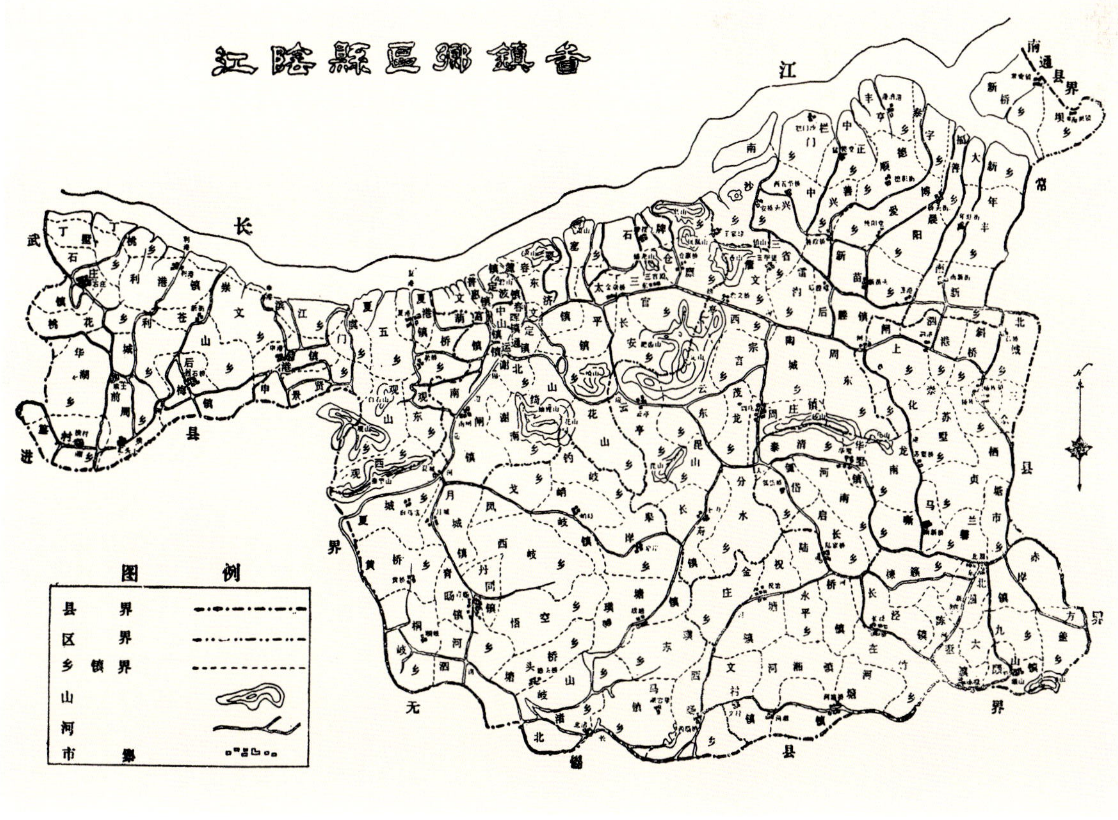

民国江阴县区乡镇图

鹅鼻嘴长江急流

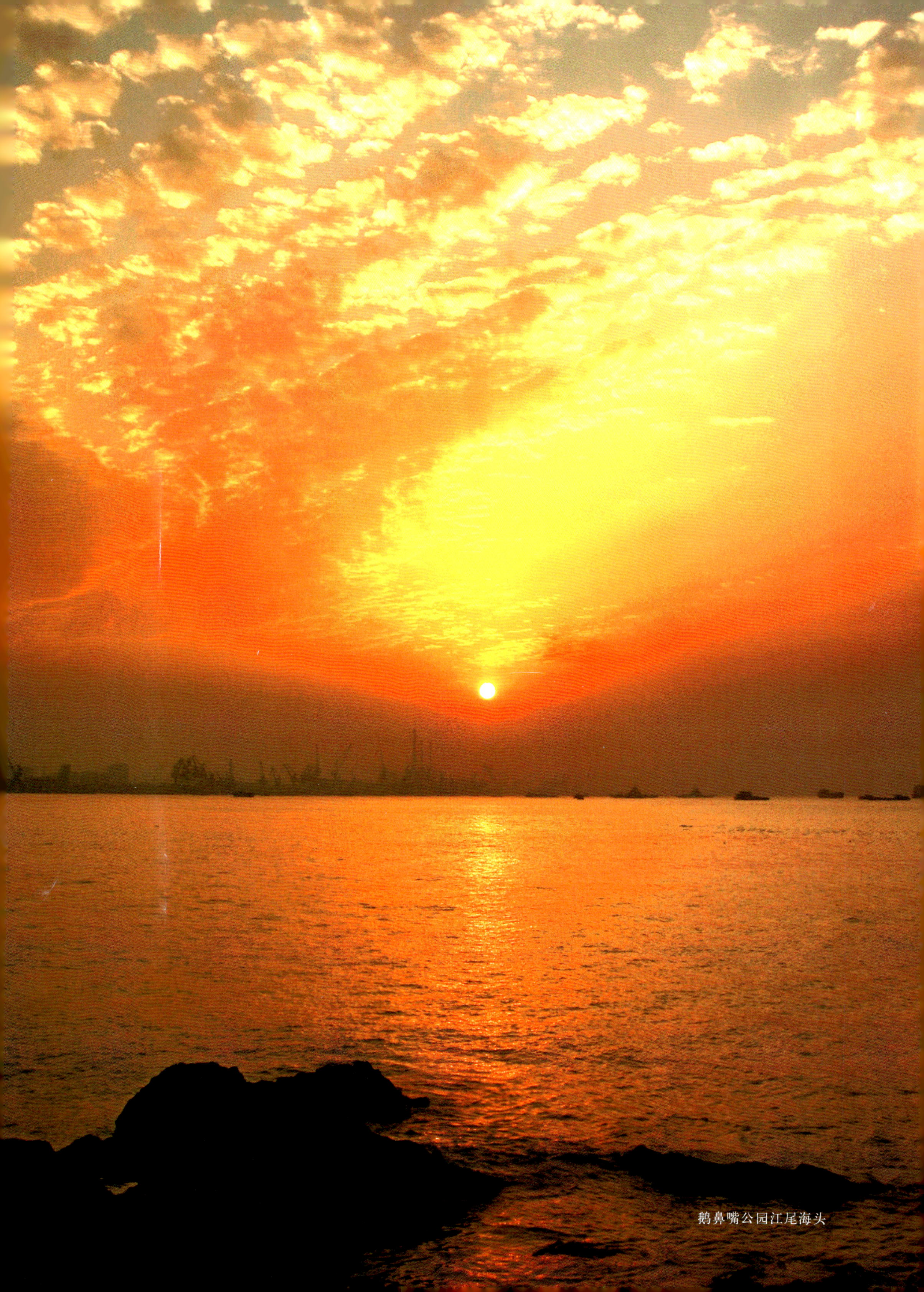

鹅鼻嘴公园江尾海头

清光绪《江阴县志》长江水师协镇署图

江陰縣志 卷首 圖 四

長江水師協鎮署圖

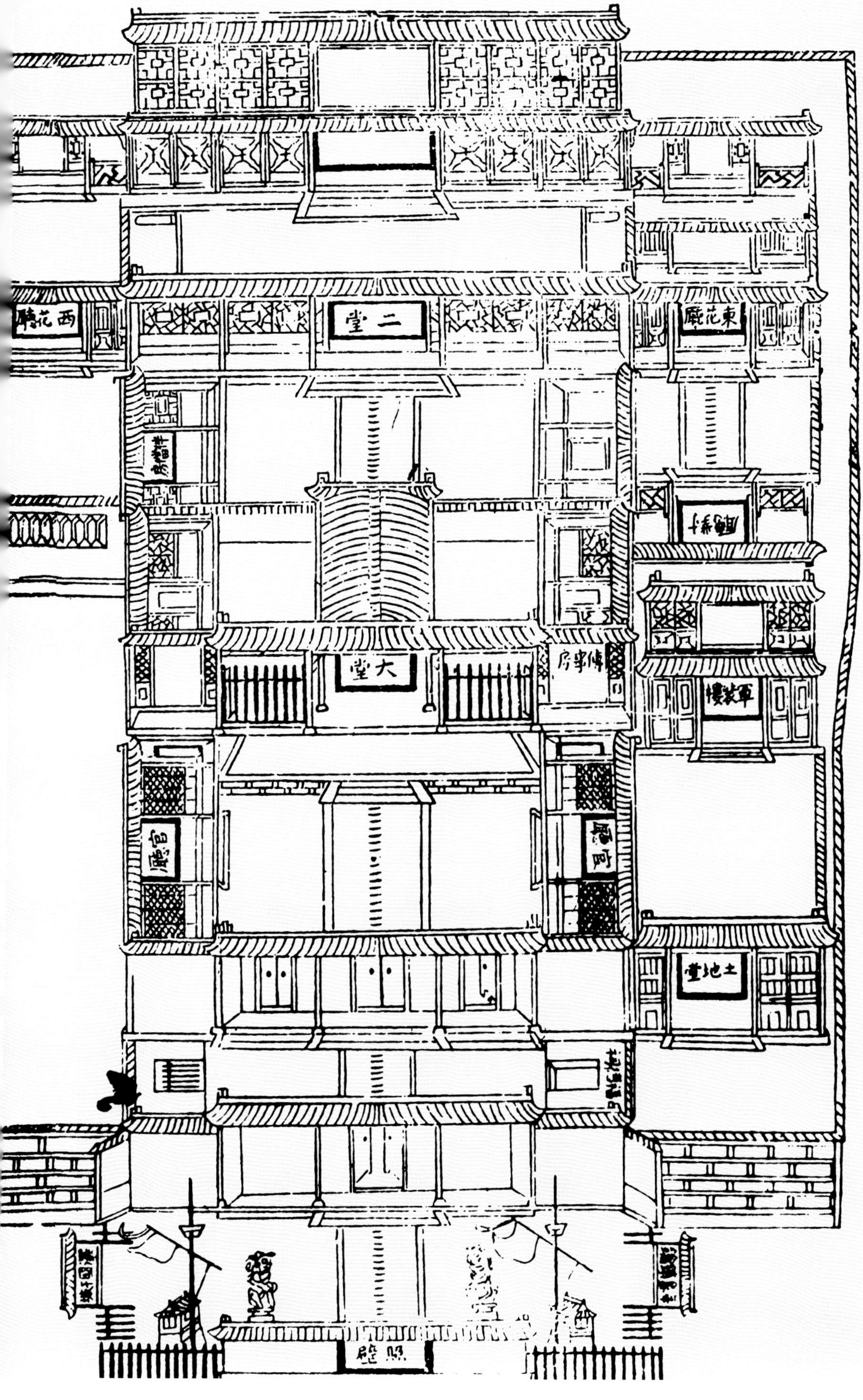

黄山炮台

明嘉靖年间，为防倭患，始在黄山大石湾、小石湾构筑炮堤，“倭寇来犯，诸炮位交相轰击，片帆不能飞渡”。清康熙二年（1663年）改筑炮台，自此历有扩建。1912年孙中山视察黄山炮台后，在黄山各山巅、山脊及君山构筑钢筋混凝土永久性炮台，形成强大的江防体系。抗战之初，炮台官兵协同海军与日军展开了历时两个多月的海空大战，悲壮激烈，血洒江阴。1949年4月21日，中国人民解放军渡江战役发起之时，江阴要塞官兵在中共地下党策动下起义，谱写了光辉一页。

黄山炮台的构筑时跨明、清、民国三个时期，历360余年。目前，有大、小石湾明清三合土古炮台长500余米，东山、西山坡清末半周式炮台3座，龙头山、鹅山、君山民国时期炮台12座及观察所、弹药库、碉堡等配套设施，为国内现存规模最大、保存最完整的江防炮台遗址。1982年3月，由江苏省人民政府公布为文物保护单位。

黄山小石湾炮台遗址出土清道光二十三年（1843年）造“耀威大将军”万斤铁炮

黄山小石湾明清三合土古炮台炮室

小石湾出土铁弹丸

清咸丰年间铜火炮

黄山西山嘴清末混凝土炮台

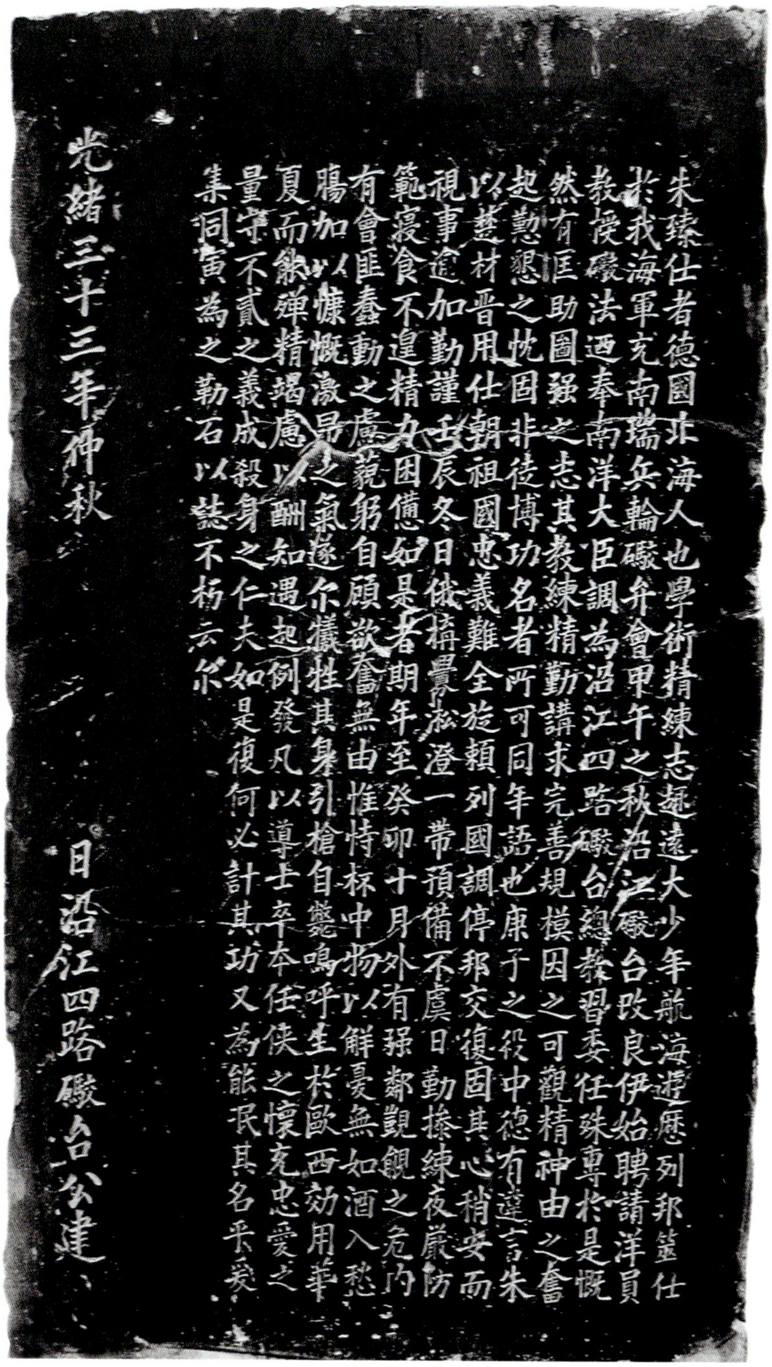
朱臻仕者德國非海人也學術精練志趣遠大少年航海遊歷列邦筮仕
於我海軍充南瑞兵輪礮弁會甲午之秋沿江礮台改良伊始聘請洋員
教授礮法迺奉南洋大臣調為沿江四路礮台總教習委任殊專於是慨
然有匡助圖强之志其教練精勤講求完善規模因之可觀精神由之奮
起勤懇之忱固非徒博功名者所可同年語也庚子之役中德有違言朱
以楚材晉用仕朝祖國忠義難全旋賴列國調停邦交復固其心稍安而
視事逾加勤謹壬辰冬日倚榻釁淞澄一帶預備不虞日勤操練夜嚴防
範寢食不遑精力困憊如是者期年至癸卯十月外有孫鄰覬覦之危內
有會匪蠢動之慮蒐躬自顧欲奮無由惟恃杯中物以解憂無如酒入愁
腸加以慷慨激昂之氣遂尔犧牲其身引槍自斃嗚呼生於歐西効用華
夏而能殫精竭慮以酬知遇起例發凡以導士卒本任俠之懷充忠愛之
量守不貳之義成殺身之仁夫如是復何必計其功又為能泯其名乎爰
集同寅為之勒石以誌不朽云尔
光緒三十三年仲秋　日沿江四路礮台公建

光绪三十三年，沿江四路炮台为德国炮台总教习朱臻仕建立的墓碑
（现藏江阴博物馆）

黄山东山巅民国初期大炮台

黄山西山巅民国初期大炮台

黄山鹅山巅民国时期炮台

黄山炮台民国时期弹药库

黄山民国时期炮台炮位入口

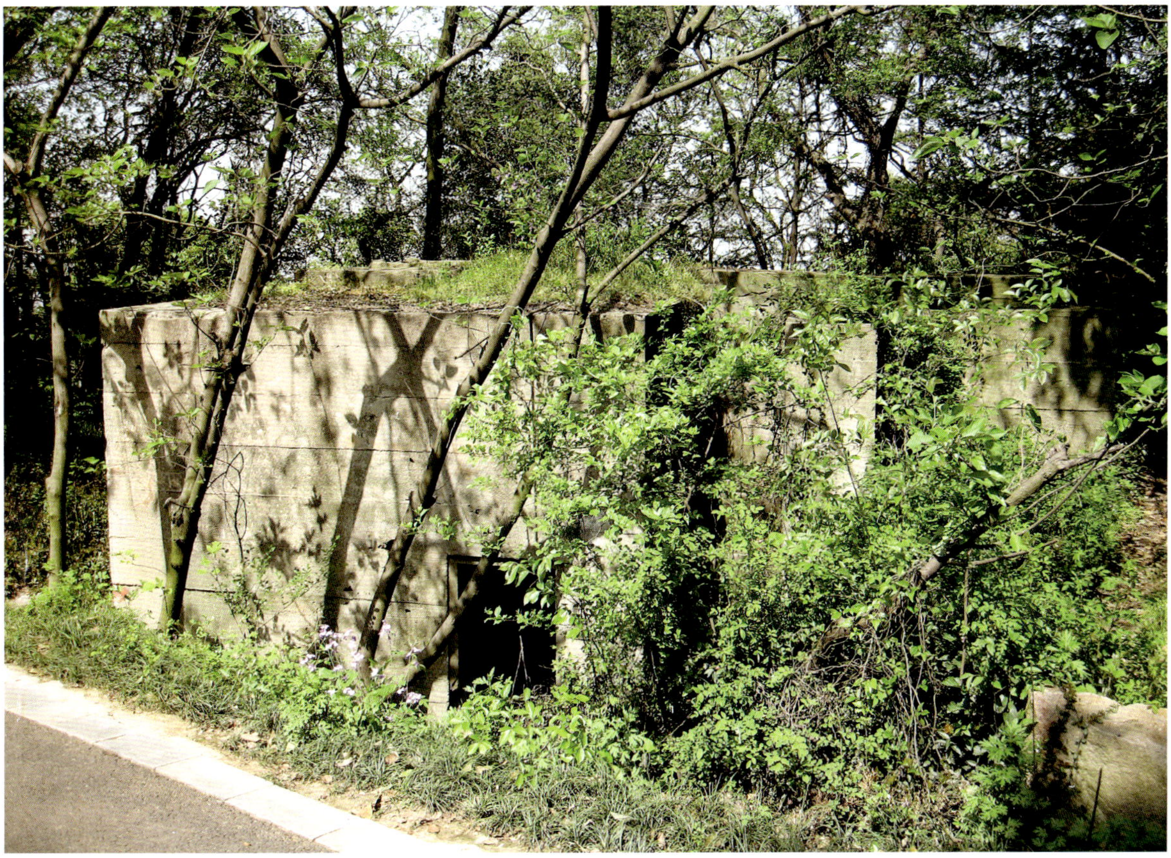

黄山炮台民国时期碉堡

黄山炮台民国时期总台观察所

黄山东山巅民国时期
钢筋混凝土炮台

国民党要塞司令部旧址

位于江阴市区高巷路2号，系江阴著名民族工商业家、爱国民主人士吴汀鹭故居。其建造于1917年，抗战期间为日寇驻澄司令部，1945～1949年为国民党江阴要塞司令部。江阴解放后，为驻澄解放军驻地。1949年4月，中国人民解放军华东海军机关在此成立。此后一直为解放军驻澄部队使用。该建筑采用中西合璧的建筑风格，占地3752.7平方米，建筑面积1248.92平方米。建筑红灰相间，古香古色。2000年9月，由江苏省人民政府公布为文物保护单位。

国民党江阴要塞司令部旧址

电雷学校码头

电雷学校

1936年7月，国民党电雷学校由镇江迁江阴黄山东麓，培养海军军官和训练电雷学员。1937年“七七”事变以后，即负有作战任务，由教育长欧阳格兼江阴区江防司令，并以电雷学校拥有的舰船设备，组成快艇大队、鱼雷大队、高炮大队和探照灯大队。今昔日码头、弹药库、鱼雷快艇港湾、山洞等军事设施犹存。

电雷学校鱼雷快艇港湾旧址

电雷学校弹药库

远望号卫星测控船

江防要塞黄山远眺

远望基地

昔日的江防要塞，如今已成为高科技远望航天测控船基地，承载起新的历史使命。该基地70年代末组建，进驻江阴。自1980年“远望”号测控船首航太平洋，几十年间布陈三大洋，几十次跨越赤道执行国家重大科研试验和国内外卫星及“神州”号宇宙飞船等海上测控任务，实现了从陆地到海洋、从水面到水下、国内到国际、测量到测控的四大跨越，使中国航天远洋综合测探能力跨入了世界先进行列。

远望基地校标塔

古邑江阴

江阴素有“延陵古邑”、“春申旧封”之称。春秋末期，吴王寿梦欲传位于第四子札，札以不合礼制而不受。寿梦临终遗嘱王位要兄弟相继，以便季札有机会继承王位。后来就发生了三个兄长相继让位，而季札三让的故事。后来季札封于延陵，人称延陵季子，避耕于今江阴申港之南的舜过山下，卒后葬于申浦河西岸，今申港镇区之南。季札为著名的政治家、外交家，尤以诚信为世人所敬仰，千百年来江阴人民拜季札为人文始祖。春秋时期除了季札遗迹，江阴境内还有璜土镇姬墩山吴王七太子墓，周庄镇缴墩的吴王八子墓，高大的封土如山，显示着王家气派。此外，众多石室土墩、丰富的出土遗物表明，春秋时期的江阴是吴国重要地区之一。

战国时期，江阴又为楚相春申君黄歇的采邑。他拓垦农田，兴修水利，开凿港口，造福于民，深受江阴人民的爱戴。黄山、君山、黄田港、申港等均因其而名。

江阴有2500年文字记载史，而考古发掘证实，江阴已有7000年人文史，5000年文明史和3800年的筑城史。从北护城河、东郊祁头山、西郊璜塘河、青阳南楼、周庄龙爪墩、石

延陵古邑

庄高城墩、山观望海墩及云亭花山、佘城等古文化遗址中，相继出土属马家浜文化、崧泽文化、良渚文化、马桥文化的石器、玉器、陶器、骨器和已经炭化的稻谷，说明新石器时代早期，已有先民在江阴这块土地上生息繁衍，开辟洪荒，从事渔猎和耜耕。他们不仅饲养家畜，还开始种植水稻，并掌握了磨制石器、制陶、纺织、琢玉等手工业技术。其中，玉器制造，尤其是良渚时期的制玉技术，达到了登峰造极的程度。其精美细致和蕴含深邃文化内涵的纹饰，令人叹为观止。

发现于云亭花山东麓的佘城，采取墙壕并重的堆筑法，城区面积达到40多万平方米。其时代早到夏末，晚至周初，介于良渚之后，春秋之前。考古专家认为，佘城是中国古代真正意义上城的出现，是长江下游青铜时代第一古城。遗址出土的青铜锛、镞及青铜冶炼工具，为江南青铜文明起源提供了佐证。佘城的文化主体相当于早期吴文化，因此，它的发现不仅将江阴地区的筑城史提前到商周时期，而且对泰伯奔吴和江南地区吴文化起源的探索有着重要意义。3000多年前，这里的土著文化与中原文化相融合，创造了先进的吴文化，成为中华文明的一个重要组成部分。

祁头山遗址

位于江阴东郊贯庄村（原祁山村）南，面积66700余平方米。2000年8月至2001年1月对其进行了钻探和抢救性发掘，发掘面积630平方米，清理灰坑39座、墓葬132座，出土各类遗物200余件，其中石器18件、玉器17件、陶器166件。文化层可分为14层，堆积厚度在3米以上，最深处达3.8米，耕土以下即为马家浜文化时期文化层，第三层以下即为大面积红烧土。遗址距今已有7000多年历史，是目前为止江阴境内发现的最早的古文化遗址，为马家浜文化树立了年代标尺，同时开创了以直筒平底腰沿釜为代表器物的全新文化类型。祁头山遗址出土的彩陶有别于国内现有的四大文化系统，应是独立存在的另一系统，是一处极具研究价值的古遗址，被列为2001年中国25项重要考古发现之一。2002年10月，由江苏省人民政府公布为文物保护单位。

祁头山遗址出土石斧

祁头山遗址出土石斧

祁头山遗址

玉蛙形动物

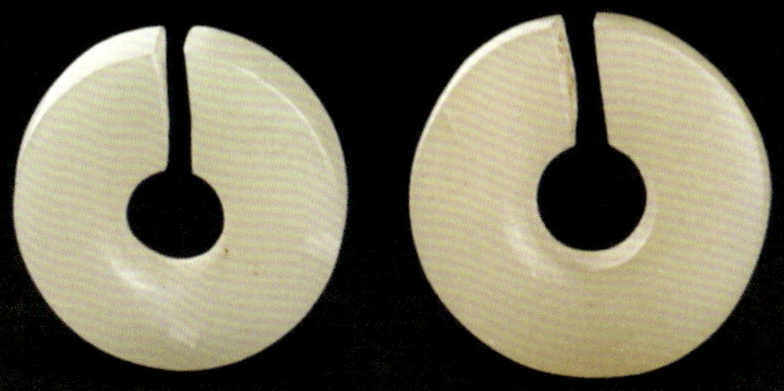

玉玦

玉璜

玉玦

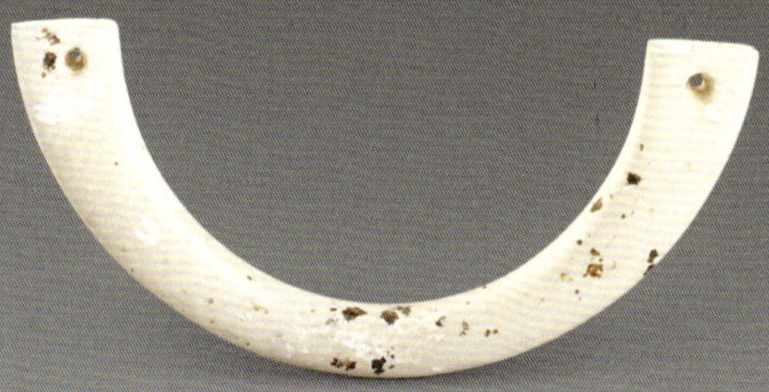

玉璜

玉玦

玉璜

玉玦

祁头山遗址出土玉器

祁头山遗址墓葬

陶釜

骨凿

陶豆

陶支座

陶器座

陶釜

陶豆

祁头山遗址出土陶器

祁头山遗址出土陶器

祁头山遗址考古发掘现场

南楼遗址

位于青阳南楼村，20世纪70年代中期开挖河道时被发现，采集到一批陶器，其中彩绘黑陶壶制作规整，色泽鲜艳。2006年，考古发掘发现先民干栏式建筑遗址和墓葬群，出土一批玉石器和陶器，证实为一处新石器时代中期崧泽文化遗址。

南楼遗址出土彩绘黑陶壶

南楼遗址考古发掘现场

玉琀

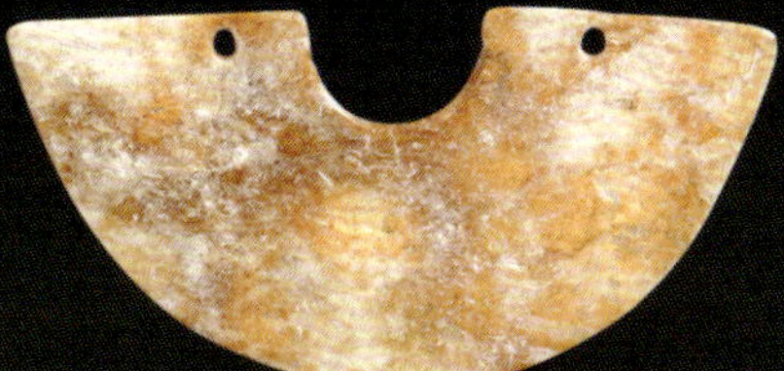
玉璜

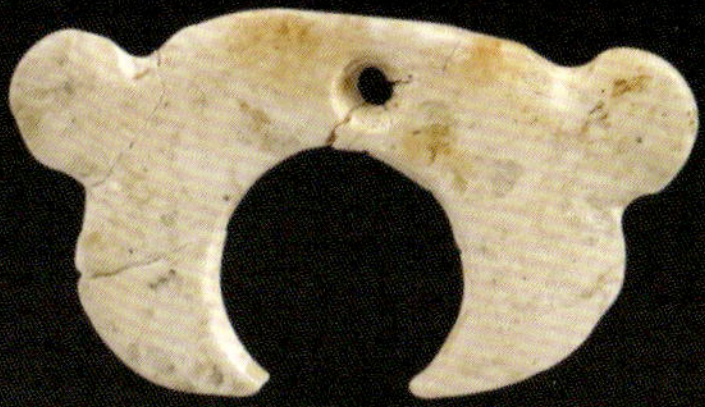
玉饰

石钺

玉环

玉环

石纺轮

石钺

石锛

陶豆

带把陶壶

陶豆

南楼遗址出土器物

高城墩遗址

位于江阴与常州交界的石庄高城墩村（今属璜土镇）。20世纪70年代，农业生产中被发现，出土玉琮、玉璧、玉钺等器物。1999年，由江苏省联合考古队考古发掘，发现墓坑14座，出土琮、璧、钺、珠、锥形饰等玉器，以及石器、陶器等随葬品238件（组），证实是一处良渚时期高规格的高台墓地，为良渚文化的又一个中心。高城墩考古发掘被评为1999年全国十大考古新发现。1985年10月，由江阴县人民政府公布为文物保护单位。

高城墩遗址出土玉琮

为保护高城墩遗址建立的良渚文化陈列馆

高城墩遗址考古发掘现场

高城墩遗址考古发掘现场

双孔石刀

有段石锛

高城墩遗址出土石器

玉琮

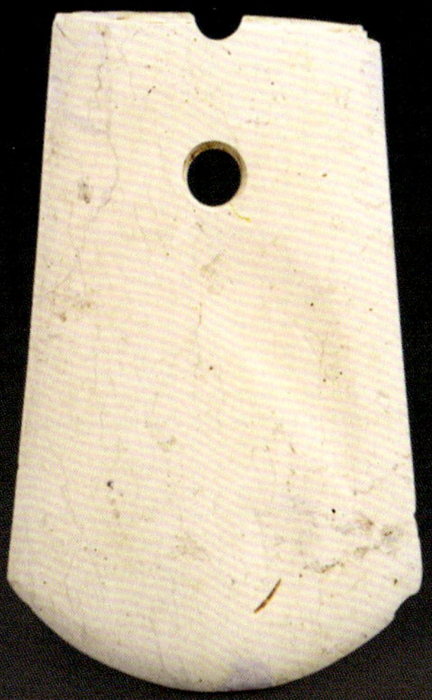

玉钺

玉锥形饰

陶豆

鼎甗合一炊器

高城墩遗址出土器物

佘城遗址

位于江阴市云亭街道花山村高家墩。城址呈圆角长方形，南北长800米，东西宽400米，城内面积达32万平方米。城东、南、西、北有人工堆筑的城墙，城墙外为护城河。2001年10月至2002年7月，经江苏省联合考古队考古发掘，发现夏商时期房址2处（其中一处为大型干栏式建筑）、灰坑16个、灰沟2条，并伴出大量的陶器、石器、青铜器等文化遗物计135件。佘城与其西侧1998年发现的花山遗址，其时代早到夏末，晚至周初，文化性质为早期吴文化，距今约4000～3000年，是目前发现的长江下游青铜时代最早的古城，为研究长江下游青铜时代和吴文化起源提供了有力的考古证据。2002年10月，由江苏省人民政府公布为文物保护单位。

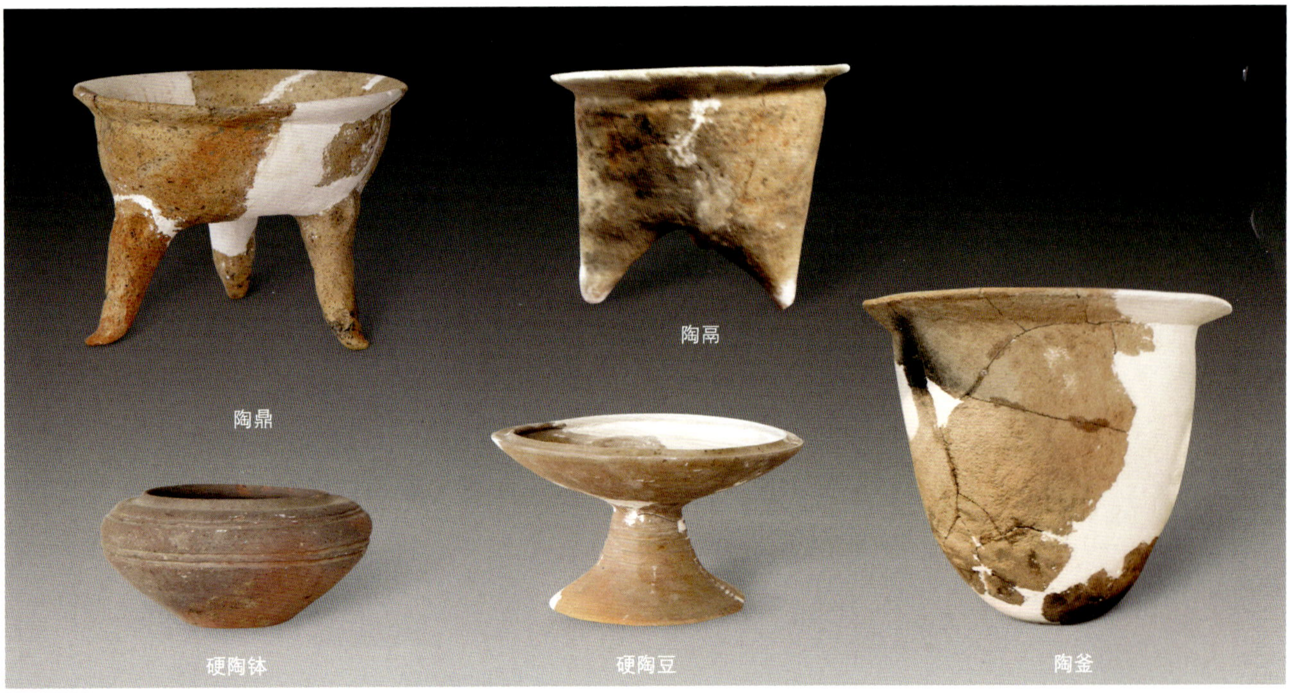

花山遗址出土陶器

花山遗址出土把铜陶勺

佘城遗址出土石犁

佘城遗址出土石矛

佘城遗址出土铜镞

佘城遗址出土铜锛

佘城遗址干栏式建筑柱洞

保存完整的佘城遗址南城垣

陶城遗址

俗称城头上，东西宽223.2米，南北长303.5米，占地67995平方米，高出地面4米，四周护城河遗迹犹存。据出土遗物证实，该处为新石器时代、周代、春秋战国文化遗址。1985年10月，由江阴县人民政府公布为文物保护单位。

陶城遗址出土西周回纹铜鼎

陶城遗址远眺

曹家墩

位于周庄镇东，砂山北麓。2006年，由南京博物院与江阴博物馆联合考古队进行了考古发掘。根据出土随葬器物及墓葬结构，证实为春秋时期典型的石室土墩墓。

曹家墩出土原始青瓷器

曹家墩出土印纹硬陶罐

曹家墩出土双耳筒形器

曹家墩出土印纹硬陶罐

曹家墩考古发掘现场

大松墩

位于周庄镇东北，陶城遗址东侧，西与缴墩隔河相望。1976年，村民平整土墩时发现一石弄，长10余米，以黄石堆砌，上覆大石条，长者可达3米，厚0.5米。在石弄中部出土玉器、陶器、原始青瓷器等随葬品71件，证实为春秋时期高规格的石室土墩墓。

大松墩出土原始青瓷罐

大松墩出土印纹陶罐

定山春秋时期石室土墩远眺

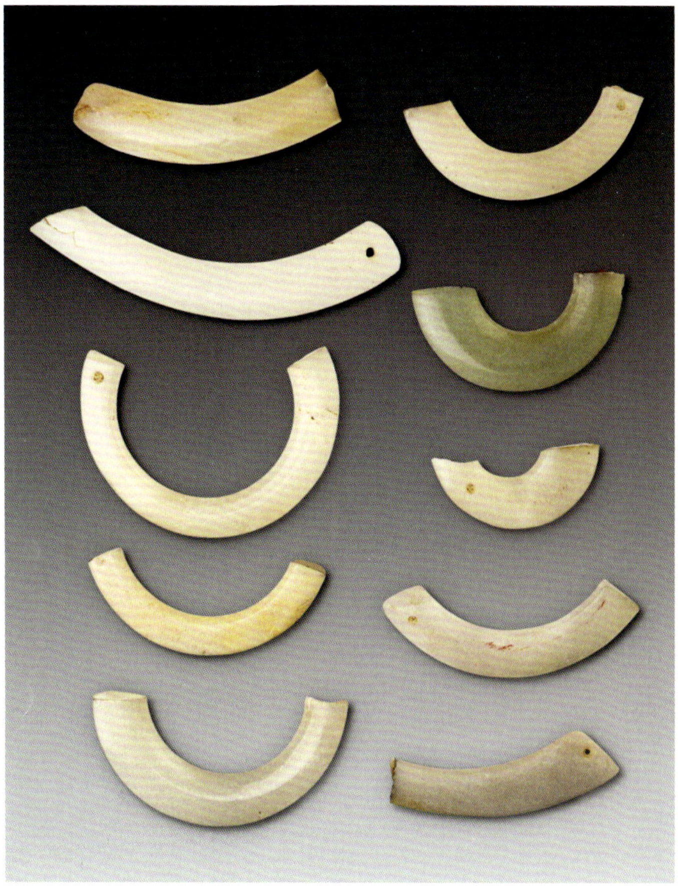

大松墩出土玉璜

大松墩出土玉环、玉玦

吴季子墓

春秋末期吴王寿梦第四子季札的墓地。原有“乌乎有吴延陵君子之墓”碑刻，称十字碑，相传为孔子所书。今墓墩犹存，高约6米，占地2694平方米。墓墩出土的瓦当证实，最迟在唐代，墓墩就建有季子祠，颇具规模，有“澄江第一胜景”之誉，抗战期间毁于战火。今地方政府拨款重建，恢复旧观。1985年10月，由江阴县人民政府公布为文物保护单位。

季子祠遗址出土唐代瓦当

季子像

季子墓罗城（墓碑、石供桌、石香炉为20世纪40年代旧物）

季子祠头殿内重刻的十字碑（宋拓现藏江阴博物馆）

季子祠内供奉吴国先贤神位的至德殿

季子祠君子殿

季子祠前戏台

姬光太子墓

俗称姬墩山，位于璜土镇西贯村，为春秋末期吴王阖闾之子终垒之墓。占地45000平方米，高19米，墩围282米。南麓太子庙犹存，屋前一对明代青石抱鼓和庙内一通明代碑刻保存完好。1985年10月，由江阴县人民政府公布为文物保护单位。

姬墩南麓吴王七太子寺

吴王七太子墓远景

吴王七太子墓墓墩和太子祠

吴王八子墓

位于周庄镇北的缴墩，春秋末期吴王阖闾第八子墓。墓地四面环水，称缴湖，堆土为墩，墩高14.5米，墩周330米。墓穴以巨石垒砌而成，早年打开。洞口上镌有“珊瑚洞”三字，为明正德年间吴郡都穆所书。1985年10月，由江阴县人民政府公布为文物保护单位。

缴墩吴王太子寺

吴王八子墓室

吴王八子墓室入口

吴王八子墓远景

黄歇墓

位于江阴君山西麓，为衣冠冢。黄歇，战国时期著名的政治家、军事家、谋略家，是战国时期楚国的令尹（相当于宰相），著名的“战国四君子”之一。江阴为其封地。他兴修水利，发展农业，为民造福，深受江阴人民敬仰。黄山、君山、黄田港、申港都为纪念黄歇而得名。1985年9月，由江阴县人民政府公布为文物保护单位。

君山西麓楚春申君黄歇墓

君山西麓楚春申君黄歇墓

黄歇画像

江阴夏港出土楚国金币——郢爰

君山西麓春申旧封坊

古邑江阴

江阴自古为泰伯化育之邦、季子躬耕之邑、游圣霞客故里，历史悠久，文化源远流长，人文荟萃，名贤辈出。江阴历来崇文重教，宋代就设有贡院，出进士227人。元代开始创设书院。明万历四十二年（1614年）起，江苏学政移驻江阴，按试八府三州秀才。至清光绪三十二年（1906年）科举制度取消，历时292年，共有学政124任，江阴一时人文彬盛。学政节署规模恢弘，可供2000名学子同时考试，时称“江南第一衙署”，有“江南官署之冠”之誉。江苏学政节署移设江阴，大大促进了江阴文化教育事业的发展。除宋元创设的军学、州学、县学外，仅书院就有13座，民间办的社学、文社、义学、私塾等更是布满城乡，不计其数。由江苏学政、兵部左侍郎黄体芳倡建的南菁书院是为佼佼者，继由学政、左都御史瞿鸿机改办成高等学堂，是江阴创办最早的近代高等学校。南菁书院百余年间桃李满天下，培养出诸多栋梁之材，在中国近代教育史上享有一定地位。

江阴钟灵毓秀，代有人才，各领风骚。唐代起邑人著述繁富，宋时青阳葛氏一门即出进士33名。大中祥符五年（1012年）进士，工部侍郎葛宫，《中国人名大辞典》有传。葛立方，有文名，著有《万舆别志》、《韵语阳秋》、《归愚集》等，官至吏部侍郎，朱熹等俱出其门下。其子葛邲以文接踵台阁，著有《文定文集》、《同业》250卷，官至左丞相。另有

人文渊薮

隆兴元年探花邱崈，工词章，著有《忠定集》、《忠定词》，一生主张抗金，官至刑部尚书。明代杰出的地理学家、旅行家、游记文学家徐霞客，博览群书，摒弃仕途，走出书斋，从22岁始游太湖，30多年间，东渡普陀，北历燕冀，南涉闽粤，西北直攀太华之巅，西南则达于云贵高原边陲，足迹遍及当今19个省、市、自治区，为中国考察国土之先驱。其地理学的研究取得了超越前人的成就，有“千古奇人”、“旷世游圣”之美誉。所著《徐霞客游记》被誉为“世间真文字、奇文字、大文字”，“千古奇书”，有很高的科学价值和文学价值，被列为中国历史上20部优秀著作之一。其青铜塑像作为中华40位历史文化名人之一，已屹立于中华世纪坛。东林党志士缪昌其、李应昇，清代理学家康、雍、乾三朝元老，礼部尚书，云贵总督杨名时，词人蒋春霖，才学小说家夏敬渠、屠绅，诗人唐禾、夏孙桐、金武祥，画家吴冠英、缪炳泰等都为佼佼者。

近现代的江阴更是人才辈出，有被誉为近代图书馆之父的缪荃孙，晚清著名中医学家柳宝诒、曹颖甫，“刘氏三杰”刘半农、刘天华、刘北茂昆仲，现代文学家胡山源，杂文家陶白，中国社会学民族学创始人吴文藻，电影表演艺术家上官云珠，书法家沈鹏，音乐指挥家曹鹏，考古学家俞伟超，社会活动家朱穆之，爱国高僧巨赞等等。从江阴走出了13名两院院士，200多个大学校长，40多位共和国将军，可谓群星璀璨。

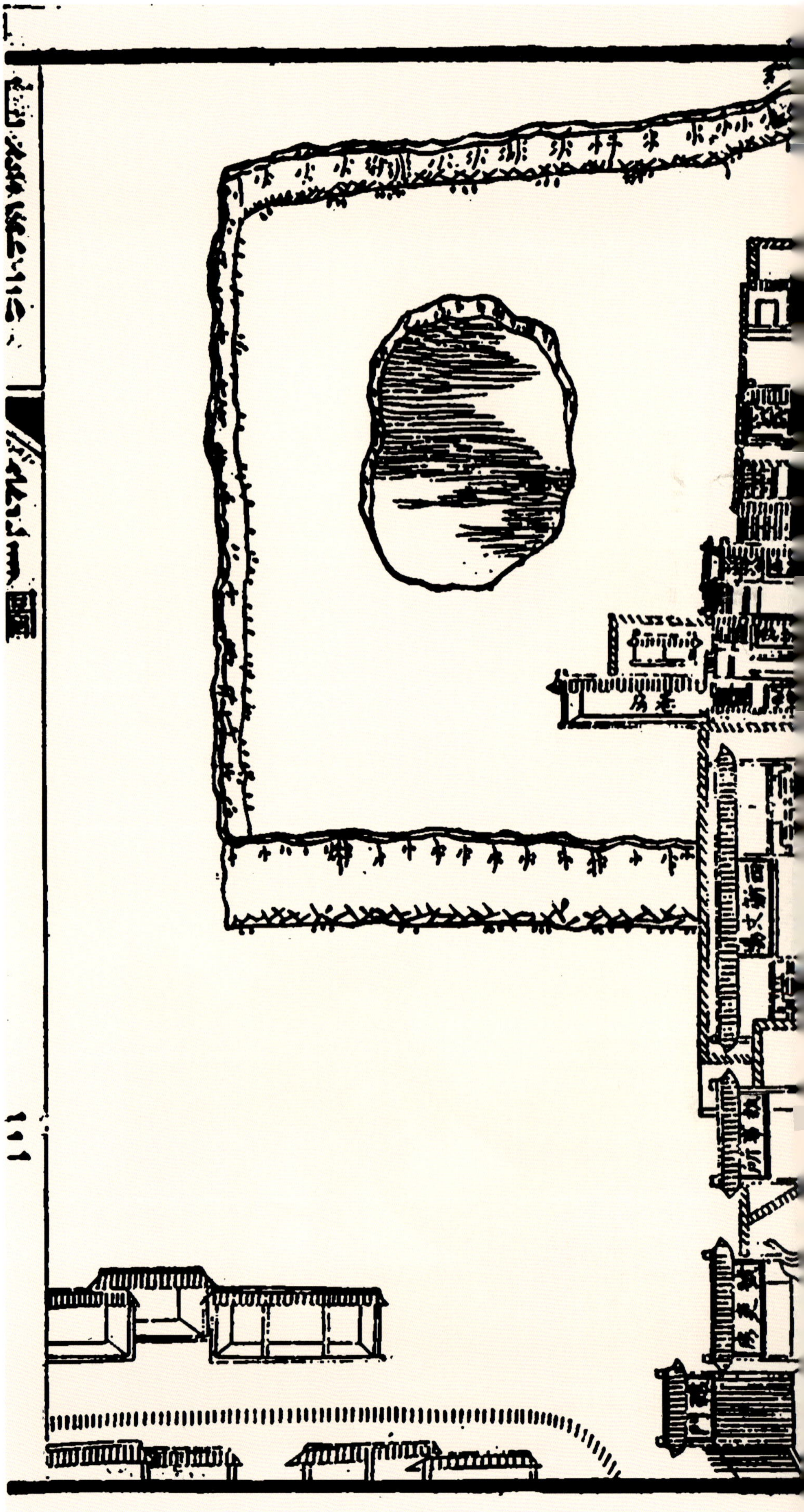

清光绪《江阴县志》学使署图

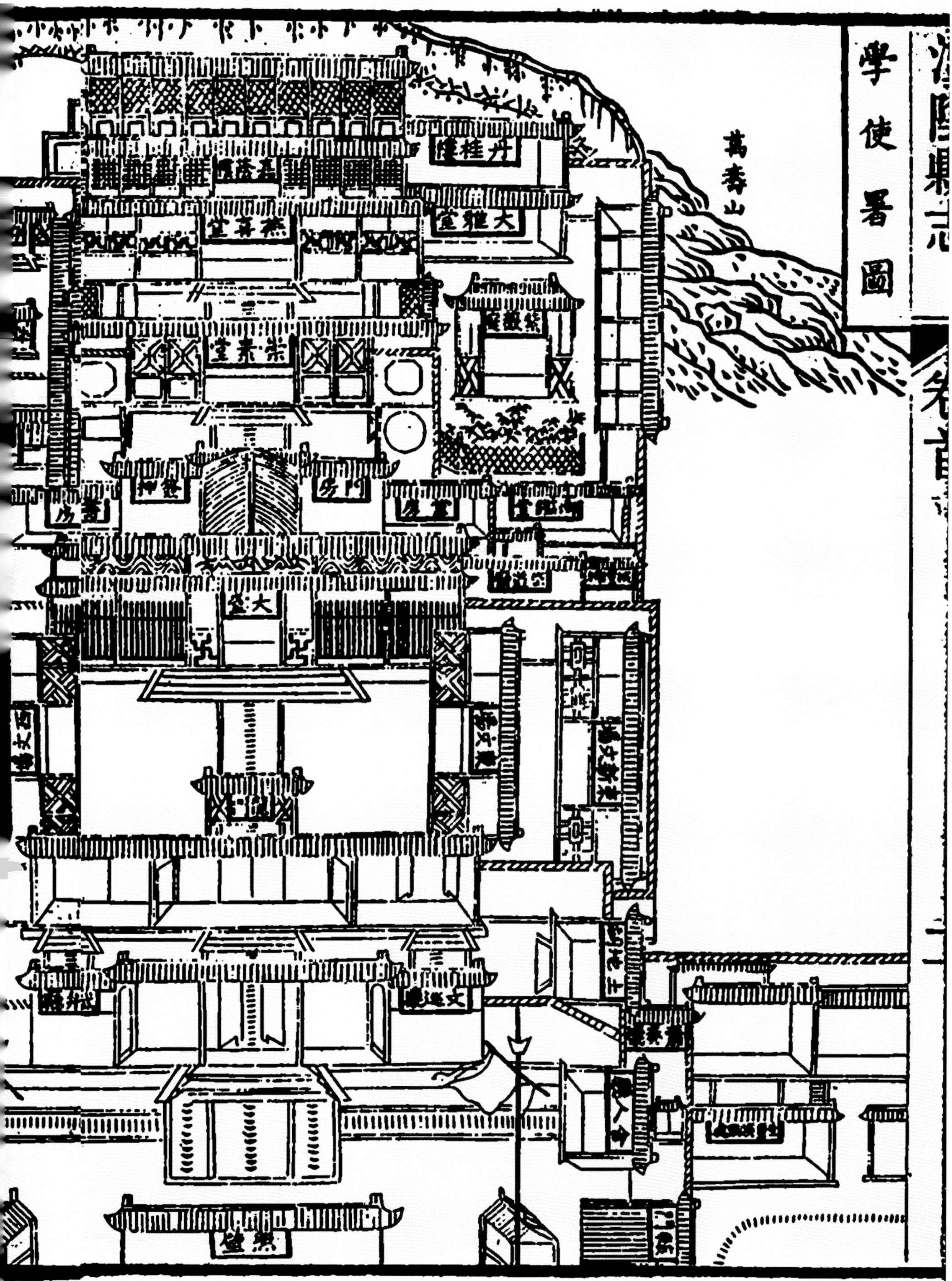
學使署圖
萬壽山
丹桂樓
大雅堂
燕喜堂
崇素堂
大堂

修缮前的江苏学政节署仪门

江苏学政节署仪门

江苏学政节署仪门

万历四十二年（1614年）江苏学政节署移设江阴，按试八府三州秀才，规模崇宏，由头门、仪门、龙门、大堂、考棚及生活区、后花园等组成，有“江南第一衙署”、“江南官署之冠”之誉。今仅存仪门五间，建筑面积149.5平方米，为同治、光绪年间仿明砖木结构，保存完整。1992年9月，由江阴市人民政府公布为文物保护单位。

江苏学政节署仪门全貌

清康熙年间重修江阴县督学察院记碑

清道光年间增修江阴考棚记碑

江阴博物馆碑刻馆内御碑亭

乾隆御碑

明万历四十二年（1614年）江苏学政节署江阴，监考八府三州秀才，云南普宁州人李因培，字其材，乾隆乙丑进士，光禄寺卿、兵部尚书，曾三次任江苏学政，颇有政绩，乾隆帝作诗嘉奖。碑现藏江阴博物馆。

清乾隆皇帝嘉奖江苏学政李因培御碑

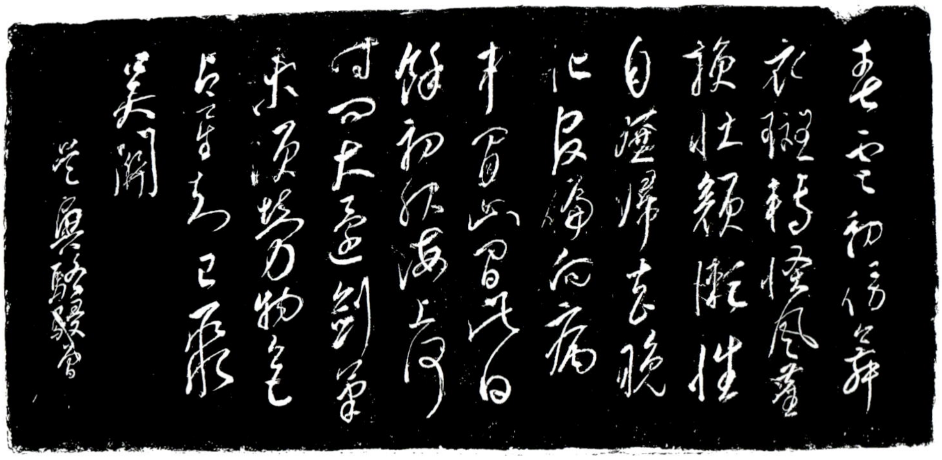

骆骎曾诗碑拓本

孙之益诗碑拓本

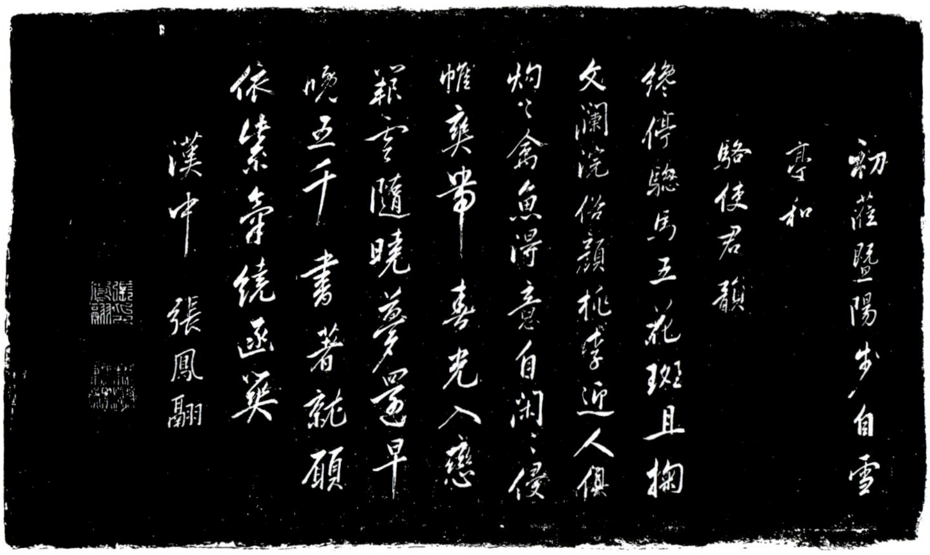

张凤翮诗碑拓本

墨华榭碑刻

为明清两代学政所作诗文碑刻。明万历年间，第二任学政骆骎曾，任期将满，作七律《江署感怀》，勒石成碑，随后的292年间，122任学政均步韵相和，称“季园唱和诗”。遂建墨华榭于雪浪湖畔，置碑刻其内，为昔日江苏学政节署一景。沧海桑田，时代变迁，碑刻在战乱中渐失，仅存29通，置于中山公园新建的墨华榭碑廊内。1992年9月，由江阴市人民政府公布为文物保护单位。

墨华榭碑廊及部分碑刻

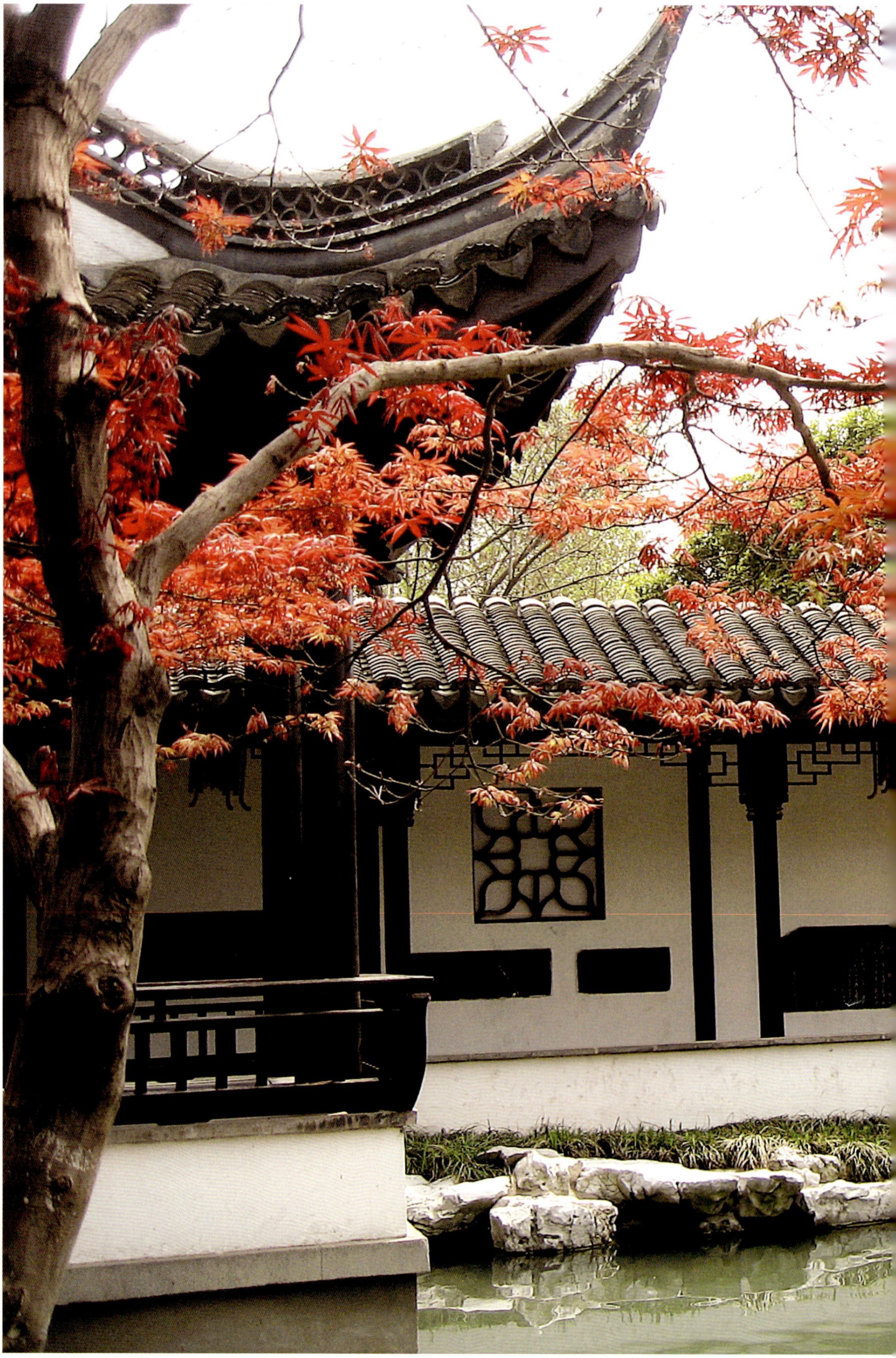

历任学政唱和诗作墨华榭碑廊

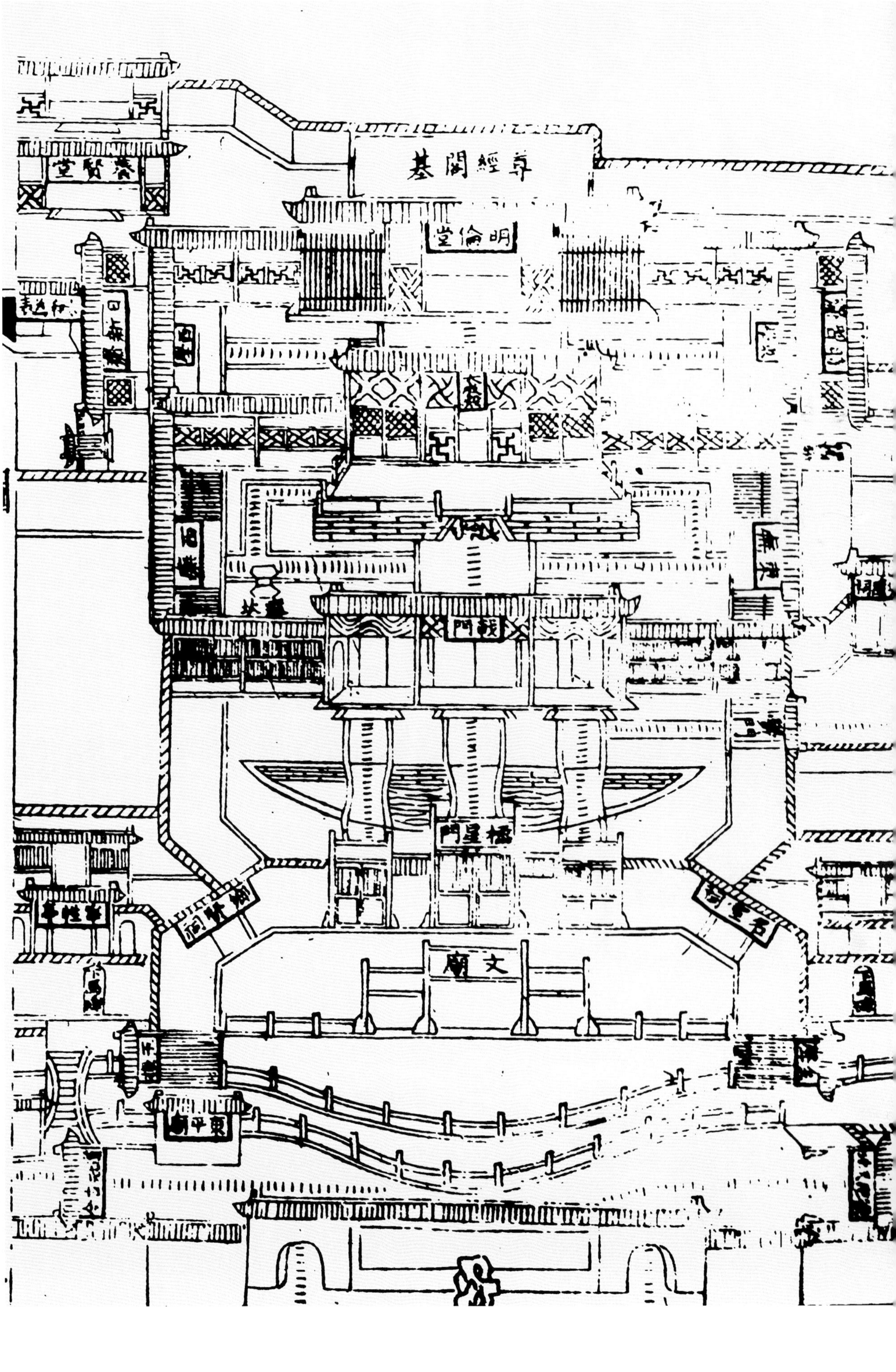

清光绪《江阴县志》学宫书院图

江陰縣志 學宮書院圖

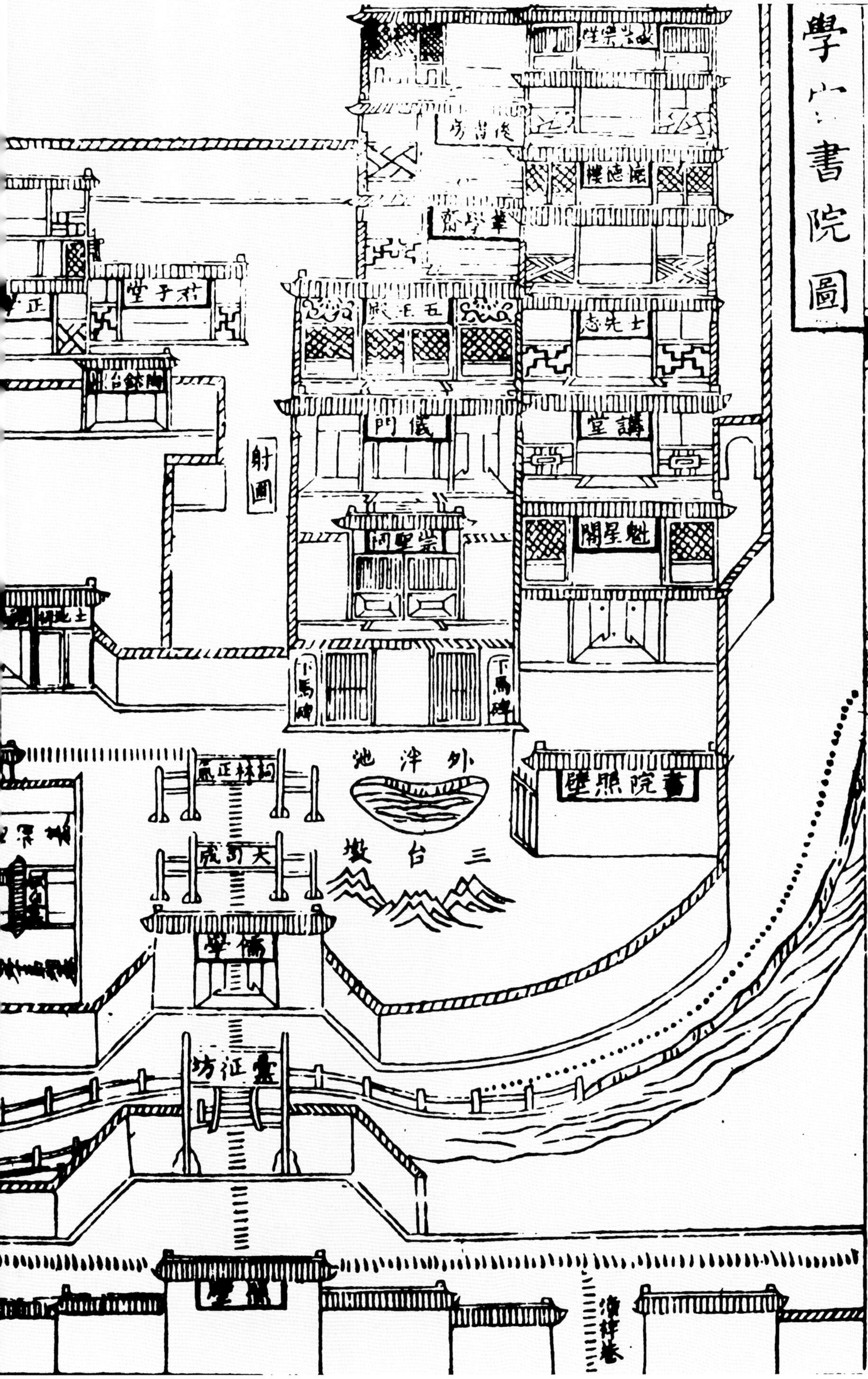

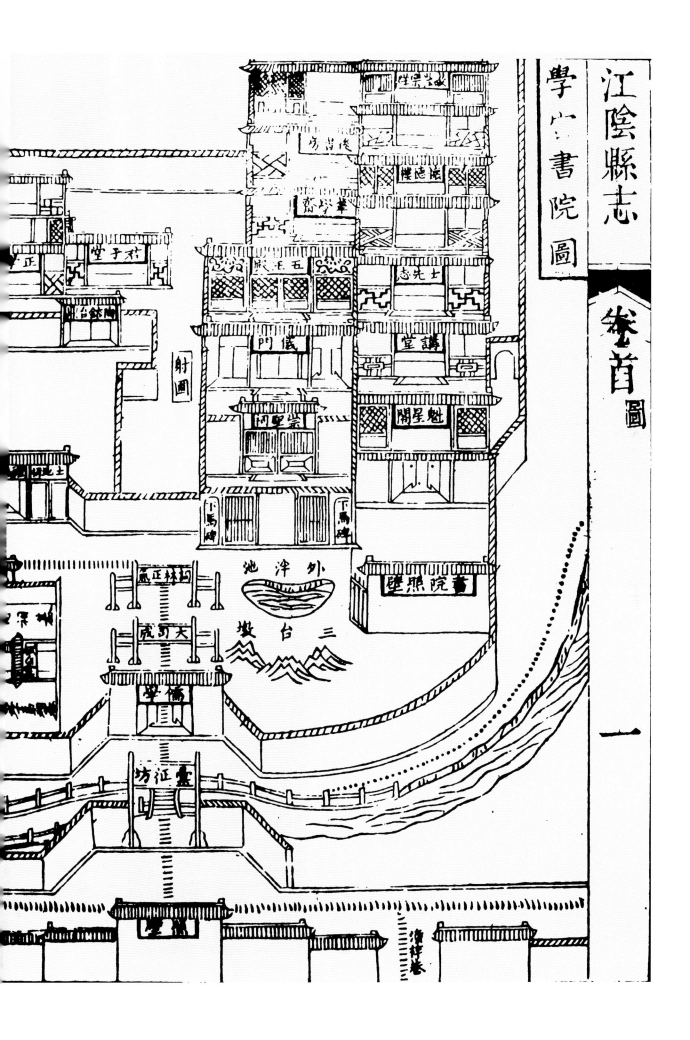

文庙棂星门

文庙

位于江阴市区人民中路196号。宋初，在江阴观风门外建文庙，供学子肄业其中。景祐三年（1036年），文庙迁建城内现址。历代多有整修，尤经清康、雍、乾三朝多次增葺整修，形成了以大成殿、明伦堂、尊经阁、崇圣祠、戟门、泮池三桥为主体，庑、斋、坊、亭俱全，左学右庙，规制至此大备。今学制部分除明伦堂外均已不存，庙制部分由江阴市人民政府进行全面修缮，恢复旧观。江阴文庙现占地8829.8平方米，南北纵深169.58米，总建筑面积3837.79米，次第三进，气势恢弘。1995年4月，由江苏省人民政府公布为文物保护单位。

文庙明代下马碑

文庙大成门

文庙泮池三桥

文庙大成殿孔子及弟子塑像

文庙大成殿藻井

文庙大成殿

文庙明伦堂梁架结构

文庙明伦堂古碑刻

文庙明伦堂

南菁书院旧址

始建于1882年，由江苏学政黄体芳得两江总督左宗棠资助创立。1885年学政王先谦继任，设刊书局刻书。1905年科举废除，改称南菁学校。校舍毁于战火，今存校门、荷花池和碑刻6通。2000年4月，由江阴市人民政府公布为文物保护单位。

清末南菁书院

现存南菁书院校门，“南菁学校”为清末状元张謇手迹

南菁书院碑刻

位于人民中路135号南菁中学东南隅碑廊内。为南菁书院头期院舍落成后由吴县名匠钱邦镗刊石，共6通，分别是由训导南菁书院掌教南汇张文虎撰文的“南菁书院记”，高2.18米，宽0.7米；由定海黄以周撰文的“南菁书院讲学碑记”，高2.18米，宽0.68米；由学政黄体芳颁布的南菁书院有关财经纪律“南菁书院头门勒石”，高2.08米，宽0.62米；由黄体芳撰文并书写的“南菁书院记”，高2.18米，宽0.68米；“南菁沙田记”，高2.08米，宽0.55米；“捐款勒石”，高0.38米，宽0.85米。碑刻原砌于讲堂墙上，几经劫难，1990年学校新建碑廊五间。1992年9月，由江阴市人民政府公布为文物保护单位。

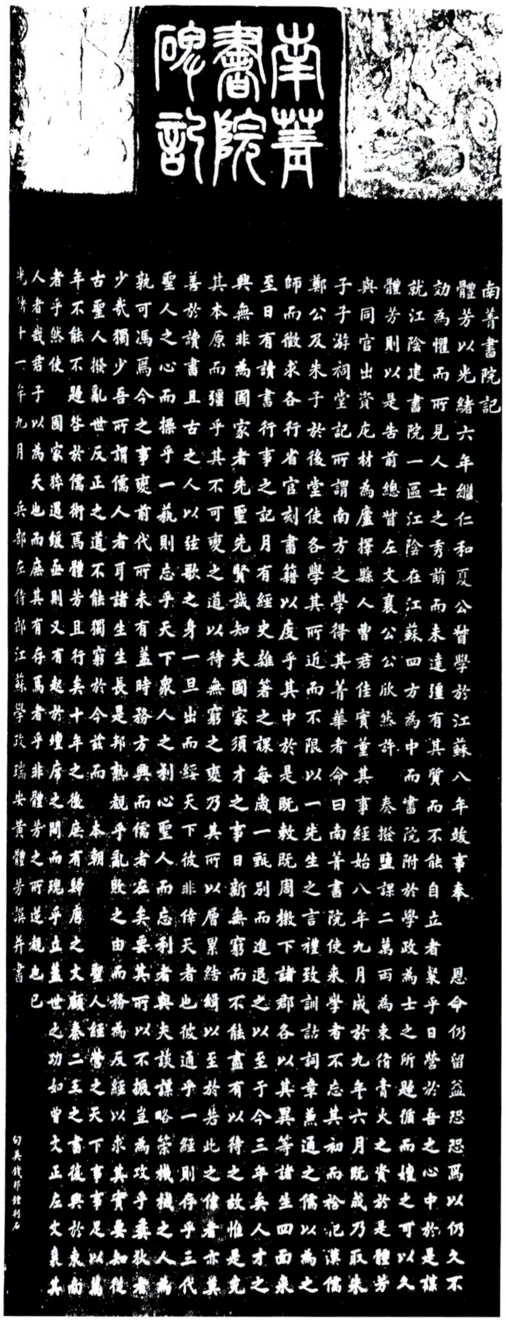

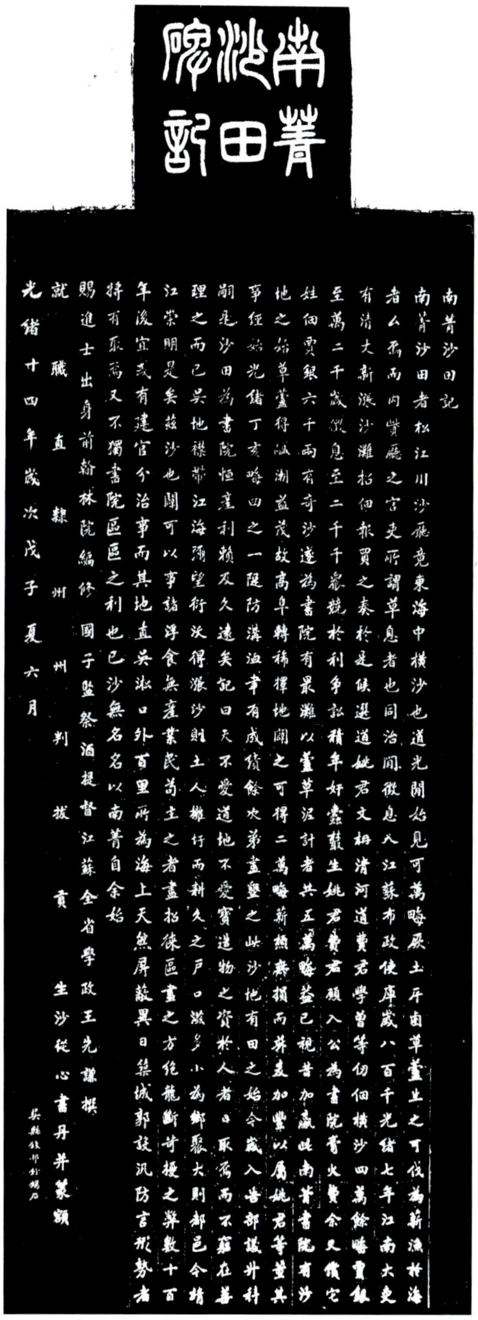

南菁书院碑拓本

聚奎亭

中山公园万寿山南麓，俗名状元亭。始建于明万历年间，边长1.7米，高2.04米。四亭柱上镌刻龙云图案，横额上朝东刻双狮戏珠，朝南刻双凤朝阳，朝西刻鲤跃龙门，朝北刻蜂猴，寓意觅封侯禄。此亭为知县许达道为勉励江阴人刻苦自励，读书中举夺魁而建，全文为：赐进士第文林郎知/江阴县事许达道/迪功郎县丞主宰/高廉/将仕郎主簿□仲文/典史□元绶/万历庚戌季秋谷旦。2009年4月，由江阴市人民政府公布为文物保护单位。

聚奎亭盘龙石柱

中山公园万寿山南麓明代聚奎亭

徐霞客故居及晴山堂石刻

位于江阴市徐霞客镇马镇南阳岐村东端。始建于明，现存房屋三进，面阔五间，以及两侧厢、两天井和后花园，占地1160平方米，建筑面积500平方米。故居历尽沧桑，唯第三进正厅“崇礼堂”保持明代式样。东侧天井有徐霞客手植罗汉松一株。

晴山堂石刻为徐霞客于泰昌元年（1620年）新建的一项文化工程，其将祖上传下的倪瓒、宋濂、董其昌、米万钟、李东阳、文徵明、祝允明等元末、明代名重海内的书画家、文学家及士大夫的手迹和为贺母亲八十大寿请友人绘制的《秋圃晨机图》与陈继儒、张瑞图、高攀龙、文震孟、黄道周等名士题跋镌刻上石，共计77块，收录明一代名家诗文、题记等94篇，集明代书法艺术之大成，既有重要的文学、书法价值，又是研究徐霞客的宝贵文献资料。晴山堂毁于明末兵燹，石刻幸存，今除《秋圃晨机图》以外，其余76块石刻保存在重建的晴山堂。2001年6月，徐霞客故居及晴山石刻由国务院公布为全国重点文物保护单位。

徐霞客故居头门

徐霞客故居

徐霞客故居前院

郑孝燮、罗哲文、丹青等文物专家考察徐霞客故居

徐霞客故居罗汉松

徐霞客故居轿厅

徐霞客故居崇礼堂

晴山堂

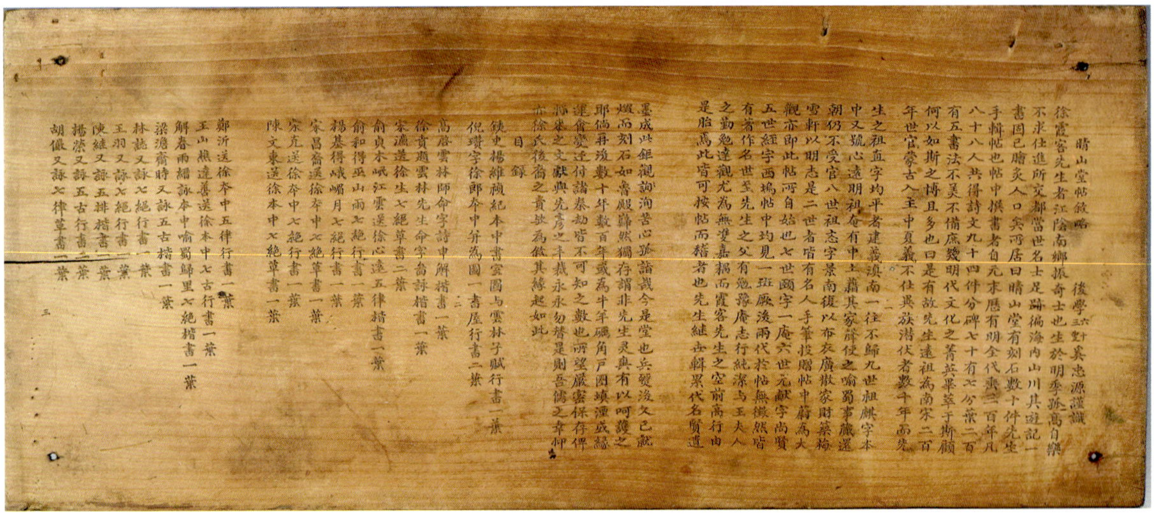

晴山堂帖叙略

徐霞客墓，1982年8月，
由江阴县人民政府公布为文物保护单位

晴山堂及其石刻

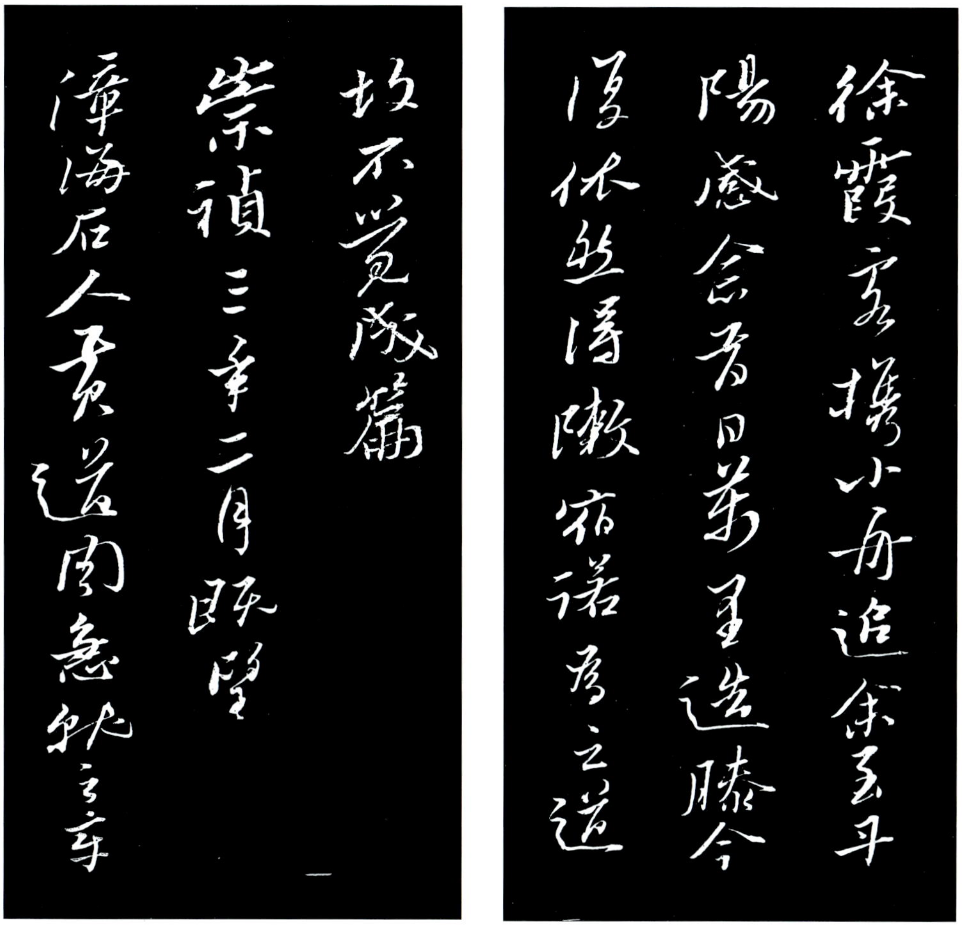

晴山堂石刻黄道周手迹拓本（局部）

徐霞客出游始发地胜水桥，1982年8月，由江阴县人民政府公布为文物保护单位

仰圣园游记碑廊

为了表达对“旷世游圣”徐霞客的敬仰和纪念，江阴市人民政府于2001年徐霞客逝世360周年之际，建成了以《徐霞客游记》碑廊为主体的仰圣园。仰圣园位于徐霞客故居和晴山堂之间，并将故居和晴山堂融为一体，形成占地20亩的江南园林建筑。园内水面开阔，体现了徐霞客故乡地处江南水乡的特点。环湖有曲廊、水榭、扇轩、廊桥以及厅、亭等仿明建筑，格调简洁朴素，追求文气雅致，体现了徐霞客“一介布衣”的身份和学养深厚的文化氛围。《徐霞客游记》碑刻镶嵌于曲廊之中。碑廊以《徐霞客游记》中的名段佳句为主体碑文，由总序、游记、附录、后记四部分组成，共计132个条目，135块碑刻。集启功、沈鹏等100多位著名当代书法家之大成，代表了当今中国书法的最高水平。《徐霞客游记碑廊》是《游记》的“精选本”，是“会动”的《游记》，是赋予了艺术生命的《游记》。它与明代的《晴山堂石刻》古今合璧，互相辉映，成为中华民族的又一文化瑰宝。

仰圣园头门

仰圣园鸟瞰

仰圣园内南阳亭

仰圣园内徐霞客塑像

仰圣园《徐霞客游记》碑廊

仰圣园《徐霞客游记》碑廊

仰圣园《徐霞客游记》碑廊一隅

仰圣园《徐霞客游记》碑廊一隅

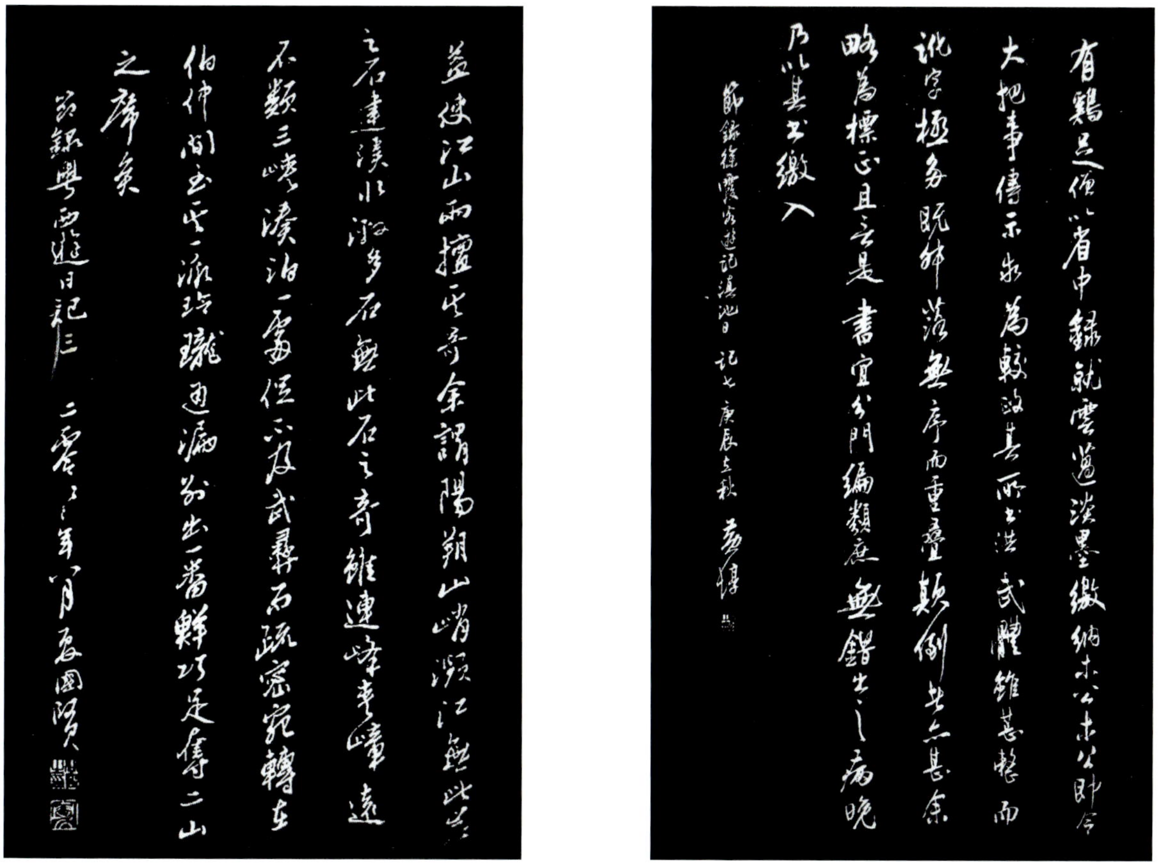

仰圣园《徐霞客游记》碑廊石刻拓本（局部）

仰圣园一隅

仰圣园思霞厅内景

仰圣园内霞园曲廊

仰圣园思霞厅

仰圣园问奇榭

徐霞客祖居牌楼石柱

徐霞客高祖徐经夫妇像

徐氏宗祠前高大银杏树

徐霞客祖居

江阴梧塍里（今祝塘大宅里）为徐霞客先祖千十一于宋末元初“拒不仕元”后隐居之地，徐氏以耕读为乐，诗书传家，成为富甲一方的首富。昔日梧塍里即今日之祝塘大宅里，村貌虽变，而护村河依旧，敕书楼巨大磉石、巷口牌坊石柱、粮仓码头石驳岸尚存。宗祠前银杏参天，印证着梧塍里徐氏昔日的辉煌。

敕书楼磉石

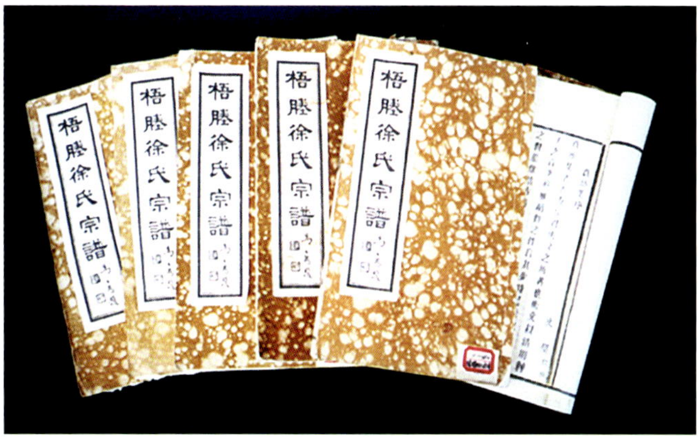

《梧塍徐氏宗谱》

徐霞客祖居祝塘大宅里村貌

青阳葛氏宗祠

葛氏为江阴望族，宋一代一门曾出33名进士，且代有著述，传为佳话。葛氏宗祠位于青阳镇老漕河南端，坐西朝东，为二进五开间砖木结构的清末建筑。气势雄伟高大的骑马墙，颇具江南建筑特色。

葛氏宗祠梁架结构

葛氏宗祠

葛氏宗祠骑马墙

宋嘉祐二年（1057年）葛密所撰葛氏墓志铭

周庄缴墩曹氏宗祠

曹氏为江阴望族，明清时，曹氏高官显爵者延续不绝。曹氏宗祠位于缴墩南坡，为五开间三进清式建筑，正堂原有慈禧为兵部尚书曹毓英亲书“砥砺廉隅”匾额一方，毁于“文化大革命”。抗战期间，曹氏宗祠曾作为中共沙洲县周庄区抗日民主区政府驻地。1949年后，曾一度为小学校舍，20世纪末迁出，另建新校，由市、镇两级政府共同出资予以修缮保护，恢复旧观。1992年9月，由江阴市人民政府公布为文物保护单位。

曹氏宗祠

曹氏宗祠远眺

曹氏宗祠头门

曹氏宗祠飨堂

曹氏宗祠飨堂

华士石桥赵氏宗祠

为江阴望族之一，人才辈出，宋赵彦卫所著《云麓漫钞》，内容记述宋时杂事、考证名物。书中还记有建宁府松溪县银矿、矿工生活、浙东河流、船工生活、出使金国的路线里程及送迎金使的经费数字等有助于文史研究。此外，考订天文、地理、名物制度，则往往赅博；搜采方言俗谚，载述诗词遗文，亦颇多参考价值。该书收入《四库全书总目》。宋版木刻《云麓漫钞》为上海图书馆镇馆之宝。

赵氏宗祠位于华士乌龟山北麓，坐南朝北，为五开间二进二侧厢砖木结构仿明建筑。另有古井一口，古银杏树一株。

赵氏宗祠砖雕墙门

唐公祠走廊翻轩

唐公祠

位于江阴城内无锡街，为清末爱国将领福建陆路提督唐定奎专祠。唐定奎，安徽合肥人，曾于同治十三年（1874年）和光绪三年（1877年）两次受命赴台湾，与侵台日军和法军作战，建立功勋，后镇守江阴，旧伤复发而卒。光绪帝念其平台有功，遂赐谥号“果介”，并下诏修建专祠祭祀，附祭狼山总兵张景春。祠堂三开间，一进两侧，为砖木结构，并建有辅房，是江阴唯一的徽派建筑。2000年4月，由江阴市人民政府公布为文物保护单位。

唐公祠抬梁结构

唐公祠天井

唐公祠

薛琪进士第砖雕门楼

薛淇进士第

位于青阳镇塘头桥前墙门74号。薛淇（1754～1834年），字应霖，号愚溪。清乾隆五十二年（1787年）进士，历任吏部文选、主事员，山西、湖南乡试主监，湖南永为、常德知府等职。薛淇曾为林则徐乡试监考官，后师生情谊深厚。其一生为官清廉刚正，受权贵排挤，于常德府任上罢职，两袖清风回归故里，昔日学生捐资为其建造宅院居住。今存有翻轩中厅三间及砖雕门楼一座。

刘氏兄弟故居思夏堂

刘氏兄弟故居纺织间

刘氏兄弟故居

位于江阴市西横街49号，是江阴“刘氏三杰”——“五四”新文化运动的先驱者、著名的文学家、语言学家刘半农；杰出的民族音乐家、现代二胡学派的奠基人刘天华；民族音乐大师、作曲家、教育家刘北茂昆仲出生和青少年时代的生活处所。故居由刘氏兄弟曾祖建于清末，距今已有150余年。其为典型的江南晚清民居，硬山式砖木结构，由三开间、两进、两侧厢，前、中、后三个院落和三个天井组成，占地400平方米，建筑面积250平方米，至今仍保留着红天竺、水井、石鼓墩、晒酱台等遗迹。2002年10月，由江苏省人民政府公布为文物保护单位。

刘天华（左）、刘北茂（右）与长兄刘半农、长嫂朱惠在家乡合影

刘半农卧室

刘氏兄弟故居

刘氏兄弟故居鸟瞰

刘氏兄弟故居前院

刘氏兄弟故居中院

刘半农

刘半农（1891～1934年）名复，原名寿彭，号曲庵，现代文学家、语言学家，中国文学革命的先驱。青少年时期，先后就读于江阴翰墨林小学、常州府中学堂，曾与吴研因等编辑《江阴杂志》。1912年赴沪任开明剧社编剧，接触新思想，与陈独秀、胡适、钱玄同四人发起文学革命运动，在《新青年》上发表《我之文学改良观》。1917年，应蔡元培之邀任北京大学教授，参与编辑《新青年》杂志，抨击保守派。后赴欧留学，获法国国家文学博士学位。回国后，从事语言学的研究，历任北京大学教授、中法大学国文系主任、辅仁大学教务长、北平大学女子学院院长等职，创立了中国第一座语音乐律实验室。刘半农创造“她”、“它”二字，极大地丰富了汉字宝库，是其文学革命的又一重大成果。有《半农杂文》、《半农谈影》、《四声实验录》、新诗《扬鞭集》、方言民歌《瓦釜集》等著作。

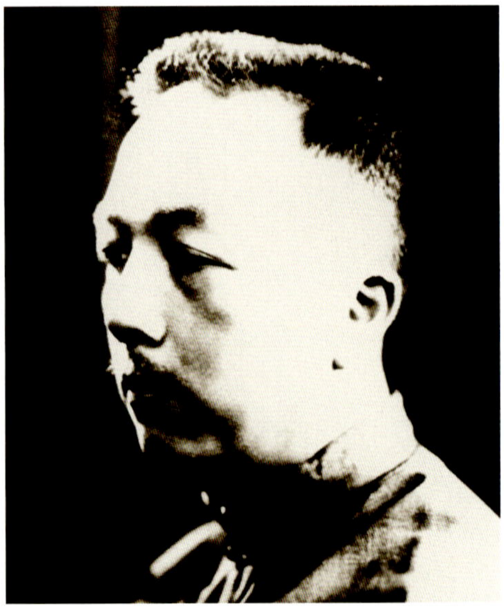

刘半农像

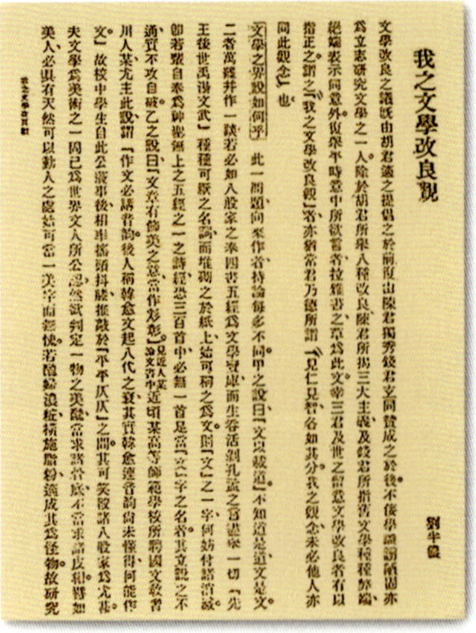

我之文學改良觀

劉半農

文學改良之議，既由胡君適之提倡之於前，復由陳君獨秀錢君玄同贊成之於後。不佞學識譾陋，固亦為立志研究文學之一人，除於胡君所舉八種改良、陳君所揭三大主義、及錢君所指舊文學種種弊端，絕端表示同意外，復舉平時意中所欲言者，拉雜書之，草為此文，幸三君及世之留意文學改良者，有以指正之。

文學之界說如何乎

此一問題，向來作者持論，每多不同。甲之說曰「文以載道」，不知道是道，文是文。二者萬難并作一談。若必如八股家之奉四書五經為文學寶庫，而生吞活剝孔孟之言，盡舉一切「先王後世禹湯文武」種種可厭之名詞而堆砌之於紙上，始可稱之為文，則「文」之一字，何妨付諸消滅。

刘半农《我之文学改良观》

1925年，刘半农获法国国家文学博士学位

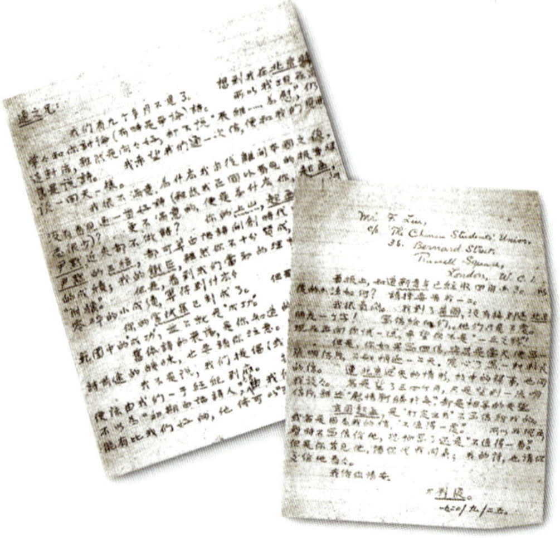

刘半农关于新诗致胡适信札

刘半农（右）与文学革命的战友钱玄同

刘半农法国留学的毕业论文《四声实验录》

刘半农创制的“刘氏声调推断尺”

刘半农发明的审音鉴古准

刘半农创作的新诗《扬鞭集》

刘半农正在做语音实验

刘半农参与编辑的《新青年》杂志

张大烈故居内厅

张大烈故居

又名张家大院。张大烈早年师从著名书画大师刘海粟，后赴法留学。归国后，任长泾中学校长，因支持谭震林领导的新四军被汉奸杀害。故居为五开间五进砖木结构清末建筑，第五进为仿明建筑，工艺精湛。整个建筑气势恢宏，是江阴现存最大的民居。1992年9月，由江阴市人民政府公布为文物保护单位。

张大烈故居客厅

张大烈故居明式梁架

张大烈故居正厅及院落

金武祥故居

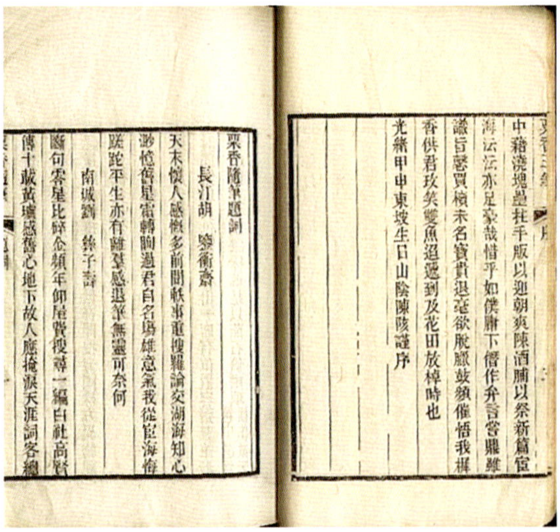
粟香隨筆題詞
長汀胡 璇衡齋
天末懷人感慨多前聞軼事重搜羅論交湖海知心
渺憶舊星霜轉瞬過君自名場雄意氣我從宦海悔
蹉跎平生亦有雕蟲感退筆無靈可奈何
南城劉 絲子壽
斷句零星比碎金頻年仰屋費搜尋一編白社高賢
傳十載黃壚感舊心地下故人應掩淚天涯詞客總

中藉澆塊壘拄手版以迎朝爽陳酒脯以祭新篇宜
海沄沄亦足豪哉惜乎如僕肅下僭作弁言嘗鼎雖
識旨甕買櫝未名寶貴退毫欲脫臚鼓頻催悟我揖
香供君玖矣燮魚迢遞到及花田放棹時也
光緒甲申東坡生日山陰陳陔謹序

金武祥著作《粟香随笔》

金武祥（1841～1924年），清末著名诗人。江阴璜土镇大岸村人。名溎生，号粟香、菽乡，自称一圩山人。出身望族，光绪八年（1882年）中举。曾任赤溪直事厅事、广东督粮道、两广候补盐运使等职。一生致力于江阴地方文献的收集、整理、出版。曾耗巨资收集书画古董，藏书3万册，均一一校订。一生创作了大量诗、文、楹联，著有《粟香随笔》、《赤溪杂志》、《滳江杂记》、《江阴艺文志》、《校补》、《陶庐杂忆》、《续忆》、《补咏》、《后忆》、《五忆》、《六忆》、《七忆》、《芙蓉江上草堂诗稿》数十卷。另编辑刻印有《江阴丛书》、《粟香室丛钞》、《江阴金氏文剩》等著作。今存故居面阔三间，进深七架，为硬山式砖木结构建筑。坐北朝南，院门东开，庭院内高大围墙下建有花台，所存洛阳牡丹、芍药、腊梅、桂花等花卉为金祥武手植。1992年9月，由江阴市人民政府公布为文物保护单位。

金武祥故居

金武祥像

金武祥故居

缪荃孙

缪荃孙（1844～1919年）字炎之、筱珊，晚号艺风。江阴申港缪家村人。光绪二年（1876年）进士。清末著名金石学家、藏书家、目录学家。早年曾供职史馆，任庶吉士、编修、总纂、提调等。后主持钟山书院、龙城书院、南菁书院。1893年受张之洞召，重修《湖北通志》。1903年赴日本考察学务，归后编辑课本，中西之学兼重。1907年创办江南图书馆，任总办。1910年奉调北京创办京师图书馆，被誉为我国近代“图书馆之父”。1915年任清史馆总纂，总纂清史儒林、文苑、循吏、孝友、隐逸五传。此外，还总纂《江苏省通志》、《江阴县续志》。1919年卒于上海寓所。著有《艺风堂文集》、《续集》、《藏书记》、《续藏书记》及《读书记》等，并编《续碑传集》、《云自在龛丛书》、《对雨楼丛书》、《藕香零拾》等。

缪荃孙（前左三）与参修《民国续志》同仁合影

申港镇建立的缪荃孙塑像和图书馆

吴文藻、冰心故居

吴文藻、冰心是中国现代史上杰出的文化名人，恩爱伉俪。他俩一位是享誉学界的巨子，以毕生执著而深情的学识建构了中国化社会学体系；一位是蜚声文坛的才女，以优美而温馨的《寄小读者》滋养了几代小读者的心灵。在近一个世纪的漫长岁月里，他们携手扶掖，互慰互勉，相濡以沫。无论是明净的岁月，抑或是荆棘遍地，他们生死相依，两颗心充分地享受着宁静柔畅的琴瑟和鸣之音，彼此守望着忠贞而精诚的爱情。

位于夏港河东街的吴文藻、冰心故居为砖木结构的清代建筑，现存厅堂三间。2008年，经修缮后辟为纪念馆。2009年4月，由江阴市人民政府公布为文物保护单位。

晚年的吴文藻、冰心

吴文藻、冰心故居

吴文藻、冰心故居内部陈列

吴文藻、冰心故居内部陈列

吴文藻、冰心故居内部陈列

吴文藻、冰心故居内部陈列

吴文藻、冰心故居内部陈列

上官云珠像

上官云珠故居

著名电影表演艺术家。原名韦君荦，1920年3月2日出生在长泾，1937年赴上海从影，1968年，“文化大革命”中含冤而死。一生拍摄了《一江春水向东流》、《乌鸦与麻雀》、《枯木逢春》、《早春二月》、《南岛风云》等数十部电影，演出了近百出话剧，塑造了不同时代的女性形象，为一代影星。其故居位于长泾镇河北街中段，坐北朝南，二进，二层三开间，砖木结构，为江南典型的清末民初建筑。今已辟为纪念馆。2009年4月，由江阴市人民政府公布为文物保护单位。

设在上官云珠故居内的纪念馆

上官云珠故居

上官云珠故居

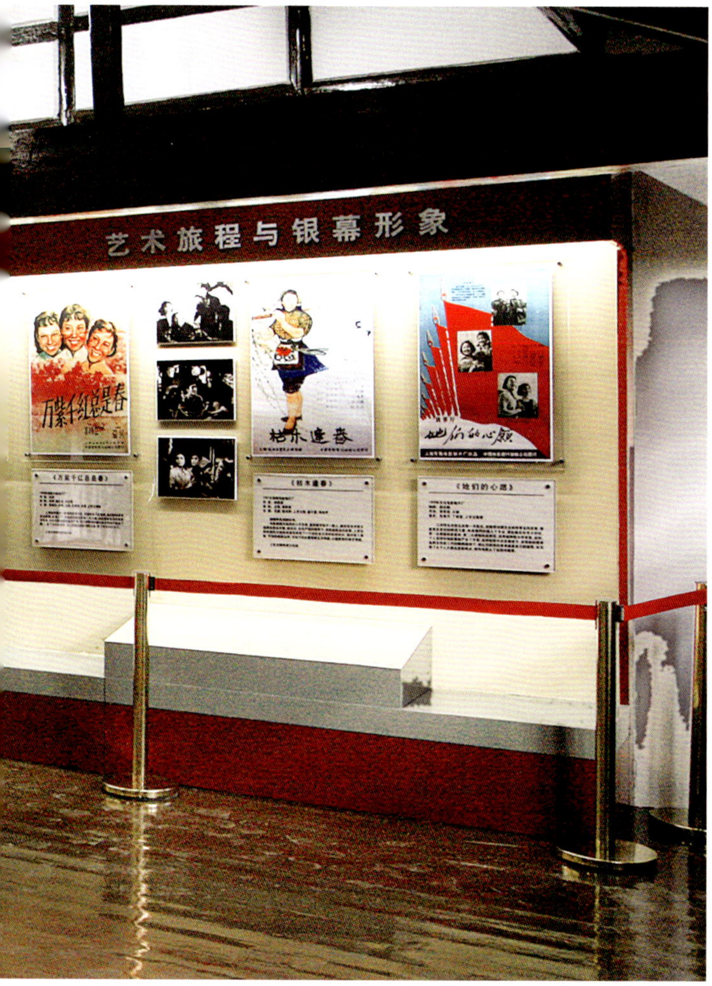

上官云珠故居

丁君匋故居

丁君匋，出版家，江阴月城镇人，生于清宣统元年（1909年）。1949年以前，曾在上海《大公报》任业务部主任，《文汇报》任副经理，香港《文汇报》任经理。丁君匋素来敬仰鲁迅先生。1934年，他在上海生活书店工作期间，曾冒着风险为鲁迅出版《南腔北调集》。丁君匋热爱家乡，解放后，将藏书及旧居捐出，建立“君匋图书馆”，惠泽乡里。今故居平房三间和二层楼一幢，保存完好。

丁君匋故居前观

丁君匋故居及花墙

景云楼

位于江阴华士镇实验学校初中部内，面积291平方米。由实业家吴云山建于1948年，砖木结构，两层九间，设八个大教室，时称龙沙中学第一教学楼。

景云楼校门

景云楼外观

吴孝子牌坊

位于夏港街道万安东路万安桥堍。始建于明代，原址在万安桥东南200米处孝子坟前，清代中期移建至万安桥东堍，为双柱单门，两根石柱上方有门楼式横额，中有石板镶嵌雕刻有二十四孝，四边刻有龙、狮。2003年江阴市人民政府拨款修缮。2009年4月，由江阴市人民政府公布为文物保护单位。

吴孝子牌坊

凌统墓

位于青阳镇悟空村。凌统为三国东吴大将凌操之子，曾在合肥逍遥津大战魏军大将张辽救主立功，卒后追封领右都督丞烈都尉。其墓地占地1789平方米。今墓地封土已平，地下墓室及墓前牌坊石柱、石质抱鼓犹存。1992年9月，由江阴市人民政府公布为文物保护单位。

凌统墓

古酒圣杜仲宁墓

位于江阴古城西南隅。杜仲宁即酒圣杜康，相传为江阴黑杜酒的创始人，昔日有杜康宅、杜康桥、杜康池等遗迹，杜康池中央土丘是为其墓。今存明代吴郡周天球书、邑人长乐令郁文周所立墓碑一块，置于酒圣亭内，为江阴古迹之一。1992年9月，由江阴市人民政府公布为文物保护单位。

明代吴郡周天球书、邑人长乐令郁文周所立墓碑

酒圣碑亭匾

杜康池与酒圣碑亭

司马街明兵部尚书徐晞牌坊石狮（现藏江阴博物馆）

明大学士张衮墓前石兽（现藏江阴博物馆）

明大学士张衮墓前石马（现藏江阴博物馆）

杨名时墓

位于江阴。市区东门外河北街87弄12号。杨名时（1661～1737年），清代著名理学家。康熙年间进士，官至云贵总督，兵部、吏部、礼部尚书。曾抄录勘校《徐霞客游记》，并作《序》，史称“杨本”。有《杨氏全书》36卷传世。卒后乾隆赠太子太傅，归葬于故居（江阴东门外杨家厅，今河北街）约半华里处，俗称“杨家坟”。原墓规模宏大，墓前有华表、甬道、石马、石羊、翁仲2人及碑记等，今俱废，封土于1958年已平，仅存遗址及石马一匹。1992年9月，由江阴市人民政府公布为文物保护单位。

清理学家杨名时墓

古邑江阴

一方水土养一方人，吴韵楚风的熏陶，培育了江阴人开放、大气、豪爽、乐观和坚韧不拔的性格。自古以来，江阴民风淳厚，民性刚强，富有反侵略、反压迫的光荣传统。明嘉靖年间，倭寇经常骚扰中国东南沿海地区，江阴更是首当其冲，深受其害。江阴兵民在县令钱鹤洲率领下，同仇敌忾，日夜操练军事，捍城守土，最后与倭寇激战城南九里岗，膏血原野，钱知县血染战袍，战死疆场，为民捐躯。明末清初，清兵挥戈南下，强制推行"留头不留发，留发不留头"的剃发令。江阴人民揭竿为兵，裂衣为旗，纷纷起来反抗清兵暴行，在阎应元、陈明遇、冯厚敦三公领导下坚守孤城81天，抗击清兵24万之众。城破，清兵屠城三日，男女老幼无一投降。与"扬州十日"、"嘉定三屠"并称南明"三惨"。自此江阴义声四布，历代传扬。清廷为巩固国家统一，安抚民心，于康熙、乾隆年间表彰前明守节仗义之士，江阴始有"忠义之邦"之誉。

江阴人民历代都有义举。第一次鸦片战争末期，江阴人民自发聚集，与北岸靖江人民相呼应，抗击进入境内的英国侵略者。在太平天国天京保卫战的紧急关头，江阴东乡人民配合东线太平军，在华士一带全歼戈登领导的号称"常胜军"的英国八百洋枪队。辛亥革命前后，江阴成为资产阶级革命党人活动的重要地区。江阴的革命党人曾策动江阴要塞官兵反袁

独立，组成“江靖护国军”，发表《江阴独立宣言》，发动“锡澄之役”。虽然最后遭北洋军阀镇压而失败，但江阴人民关心国家命运，积极参与革命斗争的义举受到人们敬仰。

1921年中国共产党诞生以后，江阴的志士仁人和广大民众，在反对帝国主义、封建主义和官僚资本主义的斗争中，前仆后继，谱写了可歌可泣的光辉篇章。江阴在1925年就建立了中共党支部，是江苏建党最早的地区之一。1927年3月，县农民协会和农民自卫军在中共江阴独立支部书记孙选领导下，成功驱逐军阀残余部队，迎接北伐军兵不血刃进驻江阴城，群众革命运动空前高涨。中共江阴县委成立后，多次成功地组织举行暴动，在斗争中建立了红军和苏维埃政权。在革命斗争中，许多革命者献出了宝贵生命。江苏农民运动先驱周水平领导东乡农民抗租减息，壮烈牺牲在军阀政府的屠刀下。中共中央军委技术部书记奚佐尧，在领导上海工人第一次武装起义时英勇献身。在长期的革命斗争中，有11位担任江阴县委书记以上职务的领导人献出了宝贵生命。由江阴子弟兵组成的新四军六师五十二团英勇善战，威震敌胆，人称“江阴老虎团”。1949年4月21日，在中国人民解放军百万雄师渡江之际，江阴人民地方武装配合要塞地下党，成功发动了震惊中外的要塞起义，迎来了江阴的解放。江阴人民不屈不挠的精神，演绎成今天的“人心齐、民性刚、敢攀登、创一流”的江阴精神，在现代化建设中创造了一个又一个奇迹。

忠义之邦

抗清指挥部文庙明伦堂

举城抗清

清顺治二年（1645年）初夏，清兵南下，占领江阴，强行推行“留头不留发，留发不留头”的剃发令，引起江阴人民的愤怒，在原任江阴典史阎应元、典史陈明遇、训导冯厚敦的率领下，以江阴弹丸小城抗击清兵81天，血染战袍，气壮山河，城破，男女老幼无一投降，体现了江阴人民不畏强暴、不屈不饶的精神。

出土的当年守城使用的浆石弹丸

抗清指挥者阎应元、陈明遇、冯厚敦塑像

三公祠碑刻

现暂存江阴市博物馆。清代，共3块，记载了明末清初原任典史阎应元、时任典史陈明遇、训导冯厚敦三公率领江阴义民抗清守城81天的英雄事迹和三公祠的建造经过。三公祠早毁，3块碑刻保存至今。“三公祠记”碑长1.55米，宽0.79米，厚0.2米；“三公行状记述”碑长1.43米，宽0.58米，厚0.17米；“三公祠附祀殉义绅民碑记”碑长1.4米，宽0.84米，厚0.21米。1992年9月，由江阴市人民政府公布为文物保护单位。

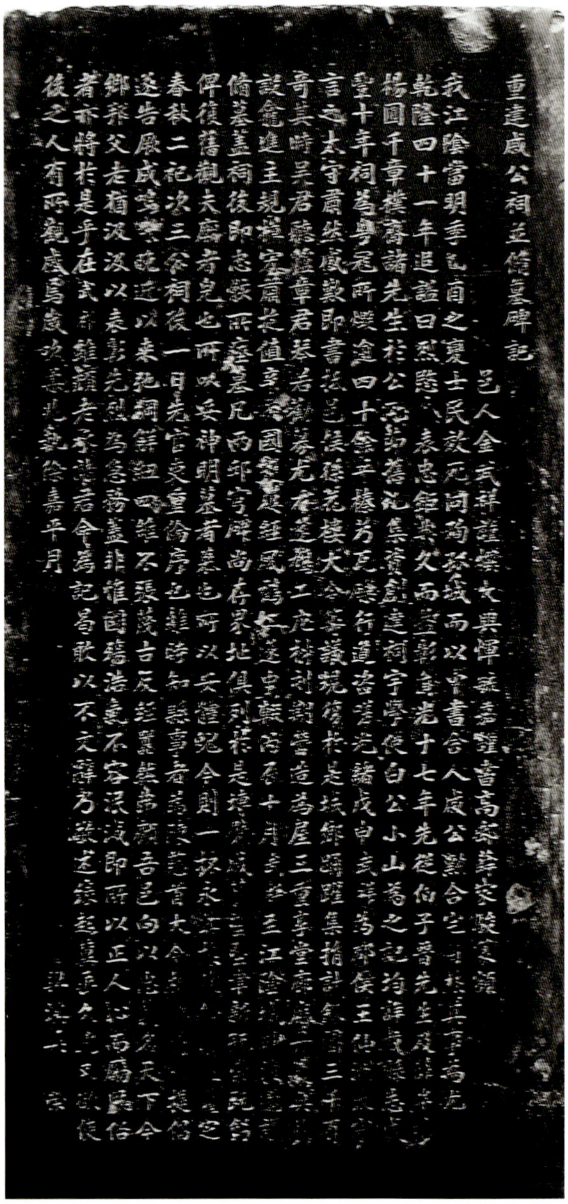

重修戚公祠碑记　明中书舍人戚勋抗清中英勇捐躯，江阴人民为其建祠修墓祭祀

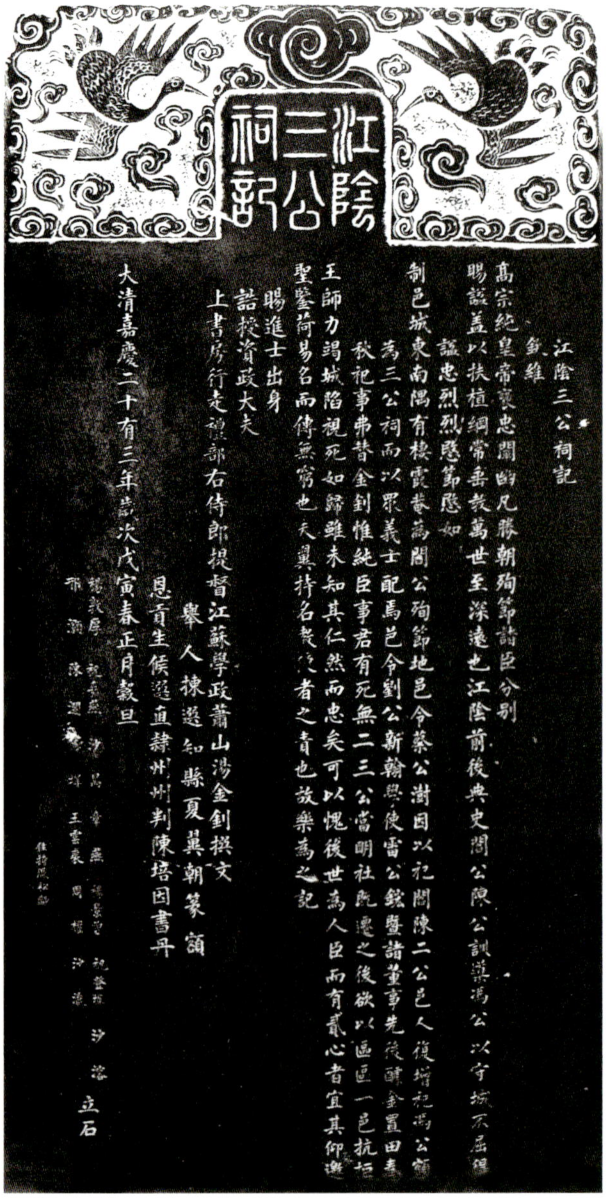

清嘉庆年间碑记　江阴人民建三公祠，祭祀抗清指挥者阎应元、陈明遇、冯厚敦

广济古泉

位于市区民运巷8号。北宋嘉祐六年（1061年），由乾明广福寺僧宗寿开凿。俗称四眼井，一井四眼至今仍存，南、北、西三井圈为明嘉靖九年（1530年）原物，青石质地。西侧井圈上刻有“义勇关泉”四个正楷大字。右壁间嵌有清雍正二年（1724年）“广济泉亭记”青石碑。井深近19米，井口及井底直径2.4米。井筒以井砖盘筑，中段略向外鼓，似直立的腰鼓。井水甘洌，常年不竭不枯，当年可供城区大部分居民饮用。明末江阴义民抗清守城81天，城破之日，400余乡民投井殉难，是江阴“忠义之邦”的历史见证。1982年8月，由江阴县人民政府公布为文物保护单位。

清兵破城之日，江阴民众誓死不降，不少妇女投四眼井自尽

砂山南麓太平军消灭洋枪队纪念碑亭

太平军丰功碑亭

位于华士镇华明村倪家湾华西公园内。1985年10月，江阴县人民政府为纪念清同治三年（1864年）太平军及江阴民众在华士长泾河畔全歼八百洋枪队（即“常胜军”）之役而建造。六角形碑亭，高8米，柱间距5米，占地75平方米。亭内丰功碑为大理石质，高1.3米，宽0.65米，厚0.2米，碑文以“歼洋枪队八百人碑记”为标题，记述了这一事迹。由江阴市政协副主席黄亚蒙撰文，江阴书法名家尤维祖书。1985年10月，由江阴县人民政府公布为文物保护单位。

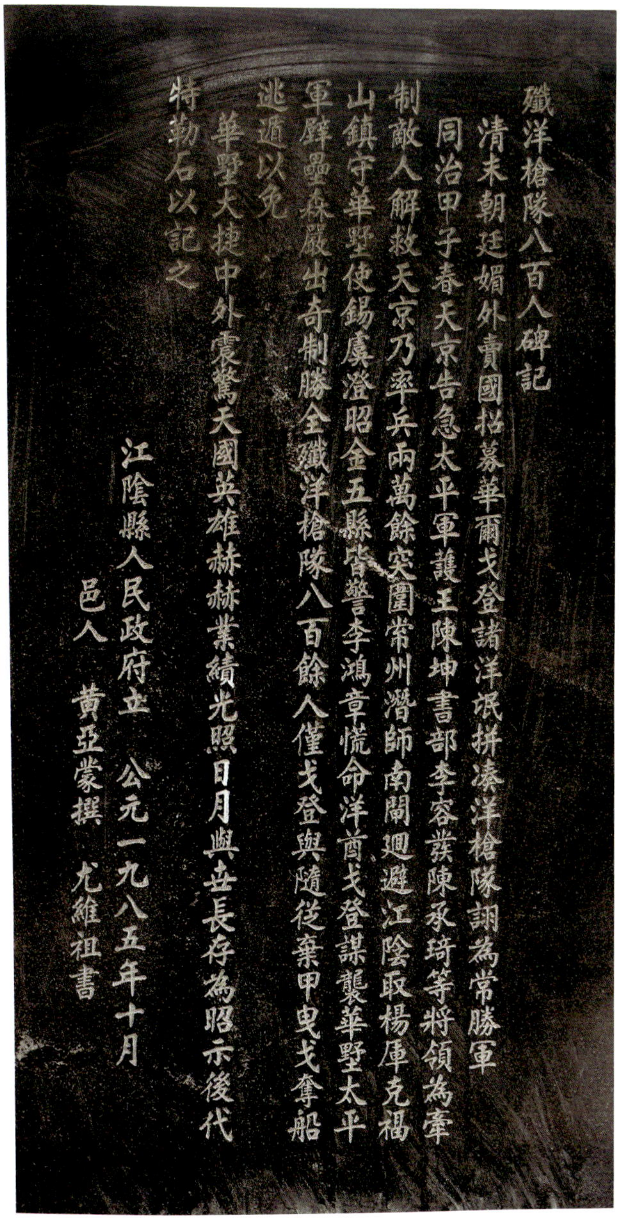
殲洋槍隊八百人碑記
清末朝廷媚外責國招募華爾戈登諸洋氓拼湊洋槍隊詡為常勝軍
同治甲子春天京告急太平軍護王陳坤書部李容發陳承琦等將領為牽
制敵人解救天京乃率兵兩萬餘突圍常州潛師南閘迴避江陰取楊厙克福
山鎮守華墅使錫虞澄昭金五縣皆警李鴻章慌命洋酋戈登謀襲華墅太平
軍壁壘森嚴出奇制勝全殲洋槍隊八百餘人僅戈登與隨從棄甲曳戈奪船
逃遁以免
華墅大捷中外震驚天國英雄赫赫業績光照日月與岳長存為昭示後代
特勒石以記之
江陰縣人民政府立 公元一九八五年十月
邑人 黃亞蒙撰 尤維祖書

纪念碑碑文

禁止牛羊踐踏
皇清旌卹陣亡常勝軍弁勇之墓
光緒九年仲春 里人敬立

常胜军墓碑

忠邦亭

位于中山公园南端。清嘉庆年间，江苏学政姚文田书“忠义之邦”，褒奖江阴人民忠义精神，悬于朝宗门城楼，抗战时被日寇炮火击中，失“义之”二字。抗战胜利后，地方人士于中山公园建亭，将“忠邦”二字嵌于壁间，遂称“忠邦亭”。后由国民党江阴县党部请蒋中正重书“忠义之邦”。

忠邦亭

奚佐尧像

奚佐尧烈士故居

江阴马镇（今徐霞客镇）北渚人，早年参加革命，曾与周恩来、朱德、邓小平等赴法勤工俭学，后又入莫斯科东方大学学习军事，回国后任中共中央技术部书记。1927年，领导上海工人第一次武装起义时被捕牺牲，归葬今北渚烈士陵园。今存故居一间一侧厢。其墓1985年10月，由江阴县人民政府公布为文物保护单位。

奚佐尧故居

周水平烈士墓

周水平像

周水平（1894～1927年）原名周侃，又名树平，号刚直，江阴顾山周东庄人。1894年出生。1917年毕业于江苏省立第三师范学校，后赴日本留学。1919年，他率中国留学生举行集会和示威游行，策应五四运动，两度被逮捕关押，后毅然回国，在顾山、川沙、浙江、上海等地任教，传播科学知识和新思想。1925年在上海大学附中任教时加入中国共产党。为了宣传革命道理，他与孙选、张庆孚等人组织“星光社”，出版《星光旬刊》，亲自撰写《敬祝世界无产阶级万岁》、《水平之名何意》等文章。他认为真平莫如水平，遂改名水平。

1926年1月17日，周水平因组织佃户合作自救会，发动群众抗租减租斗争，被孙传芳杀害于江阴市桥北堍。临刑时，周水平大声疾呼：“我并非盗匪，为平民而死，死何足惧！”

周水平牺牲后安葬于周东庄村后，占地368平方米。1993年，顾山镇人民政府修葺其墓，并建纪念馆。1985年10月，由江阴县人民政府公布为文物保护单位。

周水平烈士墓

朱杏南故居

朱杏南为夏港镇人，江阴党组织早期领导人之一，曾多次领导江阴东、西部的农民暴动，1930年任苏州县委书记时被国民党苏州当局逮捕，次年在南京雨花台就义。故居建于民国时期，三间二侧，为二层楼房，保存完好。2000年4月，由江阴市人民政府公布为文物保护单位。

朱杏南故居正面

朱杏南故居背面

抗日飞将军苏光华故居

苏光华像

苏光华（1914～1940年），幼名瑞宝，江阴周庄镇大西街人。抗日战争爆发，1938年5月20日凌晨2时40分，时任空军第十四大队飞行员的苏光华突破日本空防，飞临长崎、久留米等城市上空，散发100多万份抗日反战传单，被世人誉称“人道远征”。1940年12月，在一次保卫成都的空战中为国捐躯。其故居坐北朝南，三进，三开间，砖木结构，典型的江南民居，今保存完好。

苏光华故居

苏光华故居

古邑江阴

秦王政二十五年（前221年），江阴地属会稽郡的延陵乡。汉高祖五年（前202年）延陵乡改置毗陵县，江阴地属县之暨阳乡。西晋太康二年（281年），暨阳乡改置为县。梁景帝绍泰元年（555年）废暨阳县，置江阴郡，属东徐州。此后建置曾为国、为州、为军、为路、为县、为市，然1400多年以来，江阴之名始终未改，延续至今。治所亦由长寿之莫城搬迁至君山之南，即今江阴老城区一带。因万里长江之水浩浩荡荡奔腾至此遂趋平缓，泥沙下沉，江水澄清而入东海，故江阴人称该段长江为“澄江”，借以治所名，江阴简称之“澄”亦由此而来。

江阴城初仅600余亩，经历代扩建，至明代后期城池扩至九里十三步，渐成几近正方形、四周护城河环绕、附设城南漕运区和城北黄田港对外贸易港区的格局。城内大小河流贯穿南北、东西，连接护城河。其北通龙须河、黄田港，直达长江。南连运粮河、应天河，直达太湖及京杭大运河。这江湖河相通的水系，给江阴城带来了便捷的交通和商机，使之成为人杰地灵的“澄江福地”。

古时，大大小小的船舶满载着天南海北的货物到达江阴，也让江阴的绫罗绸缎、布匹运抵南北各地，江阴城成为商贾云集之地。也由于江阴地理位置的优势，从明代万历四十二年（1614年）开始，江苏学政节署移设江阴，不仅为江阴带来了经济的发展和繁荣，而且极大地促进了江阴教育文化事业的发展。古城内就有暨阳书院、澄江书院、南菁书院、文庙学宫

澄江福地

书院等多家书院。

古城千百年的文化积淀留下了丰富的人文景观、文化遗存，拥有季园、适园、祝家花园等多座古园林，今季园、适园犹存。季园即今中山公园，位于古城区中心区，始建于北宋初年，初名“万春园”，明代改称“清机园”，清代先后称“季园”、“寄园”，曾为江苏学政节署后花园。光绪末年学政节署裁撤以后，遂改称“寿山公园”。1925年为纪念孙中山先生改称今名。园北玉带河环抱万寿山，园内古木参天、亭台楼阁、水榭曲桥，亦有心经碑、墨华榭碑刻、状元亭、忠邦亭等文物古迹，为古城精华所在。始建于清咸丰年间的适园，亦称陈家花园，位于南街，占地仅6亩，然黄石垒筑之假山、台亭轩廊布局合理，湖光水色，相映成趣，为我国百座著名私家园林之一。

始建于宋代的文庙，庙制部分建制保存完整，泮池为明代之物，大成门、大成殿、两庑及明伦堂虽为清代重建，然屋宇崇宏，为不可多得的古建筑群，14通明清碑刻尤显珍贵。高耸云端的兴国寺塔，历经千余年风雨沧桑仍依然巍立，成为江阴古城的标志，历史的见证。另外，还有西横街49号，这幢普通的民房内，走出了刘半农、刘天华、刘北茂兄弟，因他们彪炳千秋的不朽业绩，被人们称为“刘氏三杰”。高巷1号的吴宅，中西结合的建筑风格，精彩绝伦的木雕、石雕、砖雕、灰雕，体现了工匠们高超的工艺水平。而发生在这幢房屋里的历史事件，起伏跌宕的故事，更为其凭添了几分神秘色彩。

如今的澄江福地，注入了现代文化因素，古代和现代文化在这里相互交融，谱写出新的篇章。

澄江福地坊及宝文堂旧址

民国年间建造的中山公园大门

中山公园

占地53.05亩，始建于北宋初年，原名季园，后为江苏学政衙署的后花园，历经多次扩建，为纪念1912年曾来江阴演讲的孙中山先生，1925年更名为中山公园。园内有北宋千年紫罗藤，明代状元亭、墨华榭碑刻、雪浪湖、清代学政仪门、心经碑巨型碑刻、民国船亭、忠邦亭、孙中山纪念塔等文物古迹。园北玉带河弯曲如璜，万寿山山峦起伏，古木参天，为江阴历史最久的园林。1982年8月，由江阴县人民政府公布为文物保护单位。

中山公园雪浪湖

民国年间建造的中山公园船亭

1936年，砺实、南菁两校学生为纪念孙中山先生而捐造的纪念塔

鲜花盛开的宋代紫罗藤

古紫藤

市区中山公园南大门内。古紫藤，豆科，别名藤萝、朱藤，高大木质藤本植物，共7棵，其中2棵为宋代万春园的遗物。古紫藤环绕于忠邦亭四周，枝干苍劲有力，势如盘龙曲虬，缠绕在棚架之间，虽历经沧桑，仍生机勃勃。1982年8月，由江阴县人民政府公布为文物保护单位。

根枝虬纫的宋代紫罗藤

适园

位于江阴市区南街，占地6亩有余，为邑内山水画师陈式金于清咸丰四年（1854年）就宅旁隙地所建，谓无意为园而适成之，故名适园，俗称“陈家花园”。其子陈曦唐补廊培屋，移树浚池，为园增色。日寇占领江阴时，适园曾遭破坏。新中国成立后，迭经人民政府拨款修葺，渐复旧观。园内凿湖垒山，湖北双峰叠翠，湖南有水流云在之轩，东连过香廊、曲桥，至秋声舫。舫前为响秋轩，舫后为易画轩，凡求画者须以诗相交换，故名。再过斜廊达得爽亭，中嵌巨镜，湖光山色，尽收其中。沿回廊向北有敞厅名得蝶绕云山馆，西隅斗室名秋入潏波。旁有适安斋，廊壁间存有晋王羲之换鹅碑、元倪瓒山水画，以及明梁同书、董其昌等手迹石刻。此园古朴雅致，富有江南园林特色，被列为我国现存百座著名私家园林之一。2002年10月，由江苏省人民政府公布为文物保护单位。

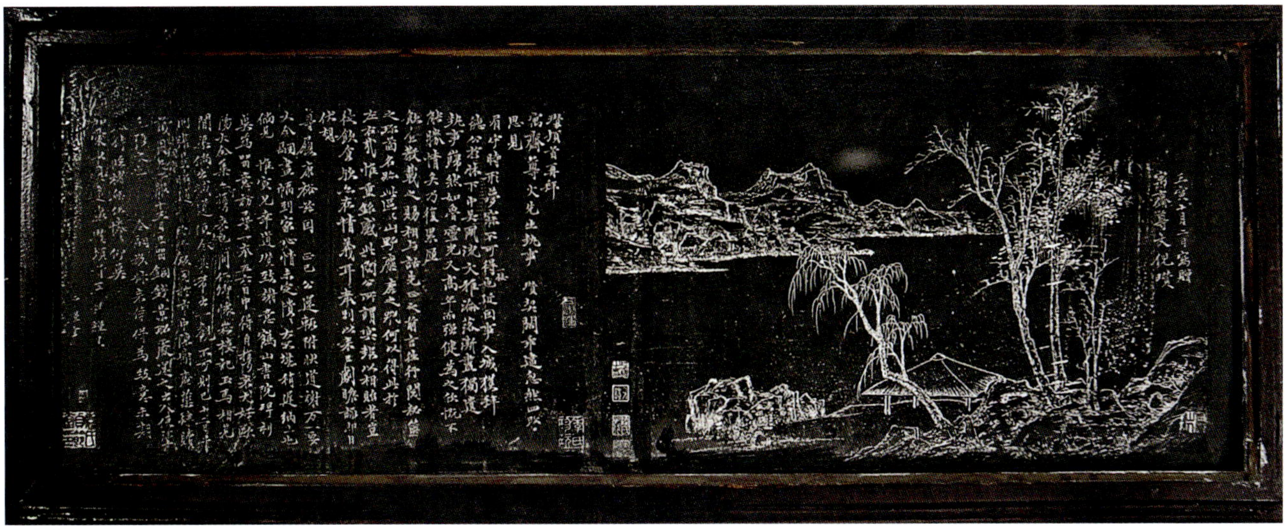

倪云林山水画石刻，1982年8月，由江阴县人民政府公布为文物保护单位

适园

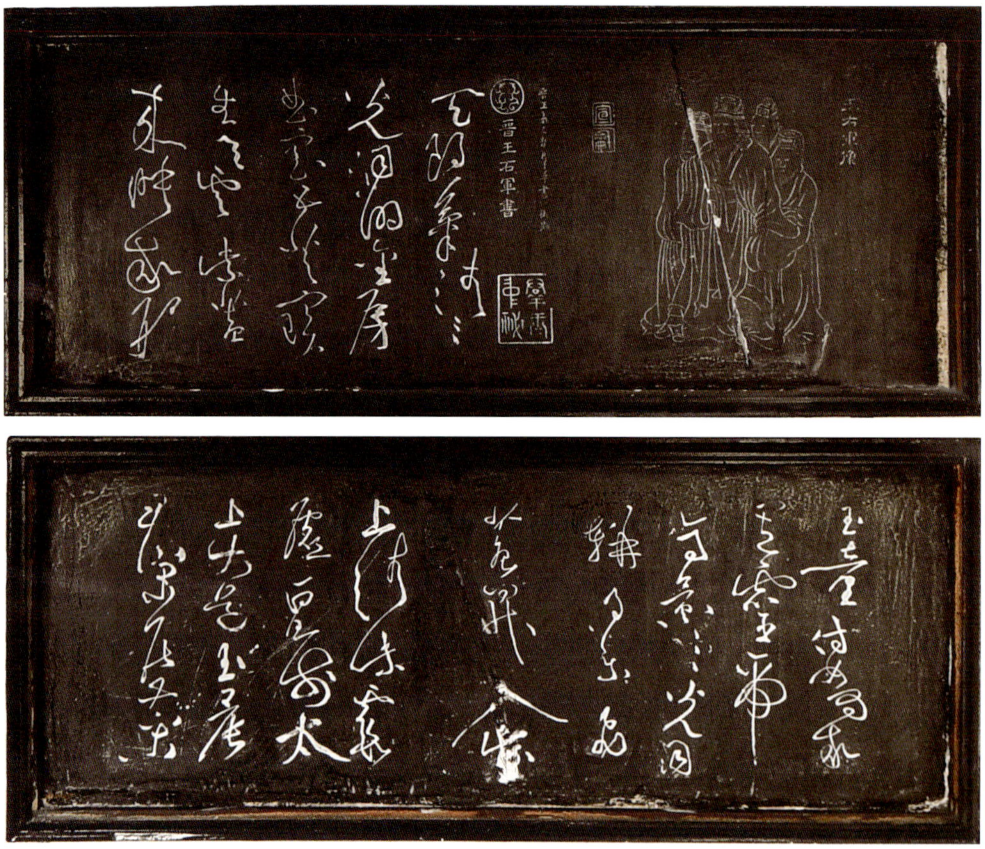

王羲之换鹅碑，清道光十八年（1838年）摹刻，1982年8月，由江阴县人民政府公布为文物保护单位

适园一隅

适园曲廊

适园入口

吴汀鹭故居

位于江阴市区高巷路2号，系江阴著名民族工商业家、爱国民主人士吴汀鹭建造于1917年。抗战期间为日寇驻澄司令部，后为国民党要塞司令部。江阴解放后，为驻澄解放军驻地。1949年4月，中国人民解放军华东海军机关在此成立。此后一直为解放军驻澄部队使用。2003年，江阴市人民政府与部队进行产权置换，并实施修缮。该建筑采用中西合璧的建筑风格，占地3752.7平方米，建筑面积1248.92平方米。建筑所有外墙体均用红砖及青砖清水砌成，红灰相间，古香古色，为不可多得的近现代优秀建筑。2000年9月，由江苏省人民政府公布为文物保护单位。

墙门砖雕

西洋巴洛克风格砖雕、灰雕

具有西洋巴洛克风格的第三进建筑

砖雕墙门

具有西洋巴洛克风格的第三进建筑二楼走廊

西式风格的骑马墙

具江南民居风格的屋脊灰雕

具有明清风格的屋架抬梁

西洋巴洛克风格砖雕、灰雕

具有明清风格的屋架抬梁木雕

海棠式轩廊

柱础石雕

轩廊挂落

建筑侧面

瓦当滴水及廊檐木雕

门前石狮

西式建筑走廊

吴汀鹭故居鸟瞰

北大街历史文化街区

东起同兴里，西至后街，北至君山巷的北大街，历史上是江阴北门地区的商贸中心，其旁的黄田港在宋代就设有市舶务，为长江下游重要商品集散地和对外贸易港口，是江阴古城不可分割的重要组成部分。昔日的北大街商号、客栈鳞次栉比，盛极一时。今北大街地区建筑、街巷仍保持原有格局，历史风貌依然。区域内还有楚春申君黄歇墓、松风亭、武庙等文物保护单位。

北大街同兴里民居

北大街同兴里民居

北大街同兴里民居

北大街同兴里民居

北大街白铁铺

北大街

松风亭

位于君山西坡，为六角重檐石亭，始建于宋代，清重建。后遭战火破坏，失去顶部及第二层，2008年修复。1992年9月，由江阴市人民政府公布为文物保护单位。

松风亭

忠义街历史文化街区

位于南门外，昔日漕运货物重要集散地，为江阴古城又一重要组成部分。今街区内老街、旧屋、石拱桥、古运粮河、石驳岸、码头、寺庙古韵犹存。忠义街、河东街、埠下街、石子街等古街道临水枕河，极具水乡风貌。民居以街串巷，面街背河，殷实人家院落仍保存“轻、秀、雅”建筑风格，江南水乡“人家尽枕河”风貌依旧。

古运粮河风貌

南门运粮河两岸风光

南门运粮河东岸民居

架于运粮河南端始建于明代的五云桥

南门忠义街

古运粮河畔民居及石码头

南门运粮河西岸民居

南门石子街

舜过井

又叫“舜哥井”，始建年代不祥，相传以舜曾过此而得名。深8米，广逾丈，以七层大石块垒砌而成，上窄下宽，上有八棱形井圈，故又称“石井”，1982年8月，由江阴县人民政府公布为文物保护单位。

舜过井大门

舜过井

古邑江阴

江阴民间信奉的宗教主要有佛教、道教和基督教，而佛教信奉者尤多，江阴城乡民间的岁祀、礼仪、生活、行业习俗无不受其影响。而由其产生的民间歌谣、故事、传说颇为丰富，作为民俗事象根植于广大劳动人民的生活之中，具有浓郁的乡土气息，广泛流传，是江阴民间文学宝库中的文化遗产。江阴在佛教的流传和发展中作出过杰出的贡献。

佛教传入中国已有2000多年，在三国东吴赤乌年间（238～251年）传入江阴，即建有章卿寺。晋代有夏港永安院，南朝（420～589年）利城建有禅乡寺。“南朝四百八十寺，多少楼台烟雨中”，梁武帝笃信佛教，一时寺院如雨后春笋，遍布大江南北。江阴的悟空招隐院、砂山光瑛院、马镇慈云寺、顾山香山寺等都是当时的产物。至隋唐，中国佛教进入鼎盛时期，这时的江阴兴建了君山永宁寺、南街报恩院、华士白龙寺、砂山泰清寺、青阳悟空寺和华藏塔、定山飞锡庵和普照塔等著名寺院、佛塔。建于后唐的城内乾明广福禅寺，从宋代起不断增修扩建，殿宇崇严，规制宏敞，曾为江阴诸刹之冠。建于宋初的太平兴国教寺，香火盛极一时。兴国寺塔历经千余年风霜雪雨、战乱兵灾，至今仍傲然屹立，成为江阴古城一景。与其同时代的毗山能仁寺及始建于明万历年间的南门外十方云水禅院，均为远近闻名的古刹。

自古到今，江阴不乏博览群经、道行高深而学术造诣高超的僧侣。唐代异僧道松，善

佛教圣境

狂草，在崇圣院观音大士木塔下有草书心经满壁，后人摹刻于石，即流传至今的心经碑。碑高3米，宽5.5米。其书法笔力遒劲，宛若游龙，字形多变，结构严谨，字体雄健古怪，笔法婉转流畅。后人评述其癫狂程度于张旭、怀素尤所不及，世所罕见。宋代广福禅寺的昙素、象微二僧，以善绘人物、山水而闻名于世。太平兴国寺僧善聪，会同悟空院应云和尚、居士沈惟素四方化缘募款，于景德三年（1006年）建造“泗州大圣宝塔”，将收藏的传世观音化身僧伽大师舍利用石函银瓶盛贮安藏于塔下，永充供养。2003年11月，千年舍利重新现世，成为江阴乃至中国佛教界的一件盛事。南宋绍兴年间，江阴军乾明院的知殿僧德昇和知阁真济大师普润，创造并编制出第一位罗汉阿若憍陈如到第五百位罗汉愿事众的名号，结束了五百罗汉自唐代传入中国以来有形象而无名号的历史。又绘出统一标准的五百罗汉和十八罗汉像，成为全国各地寺院五百罗汉堂的列名、塑像之范本。明代，迎福寺僧静闻集多年心血刺血写成《法华经》一部，拟供云南鸡足山迦叶道场。崇祯末年，其随徐霞客作西南万里遐征，为保护徐霞客，在湘江遇盗中受伤，客死广西南宁崇善寺。清顺治年间，玉林通琇法师应召封为国师。民国初年，涌塔庵的丝竹高手澈尘和尚成为刘天华的民乐启蒙老师。曾登上天安门参加开国大典的当代爱国高僧巨赞法师，文通六国，熟读佛典，著作等身，毕生致力于佛教改革，提倡“爱国爱教”思想，为新中国佛教事业作出了杰出贡献。

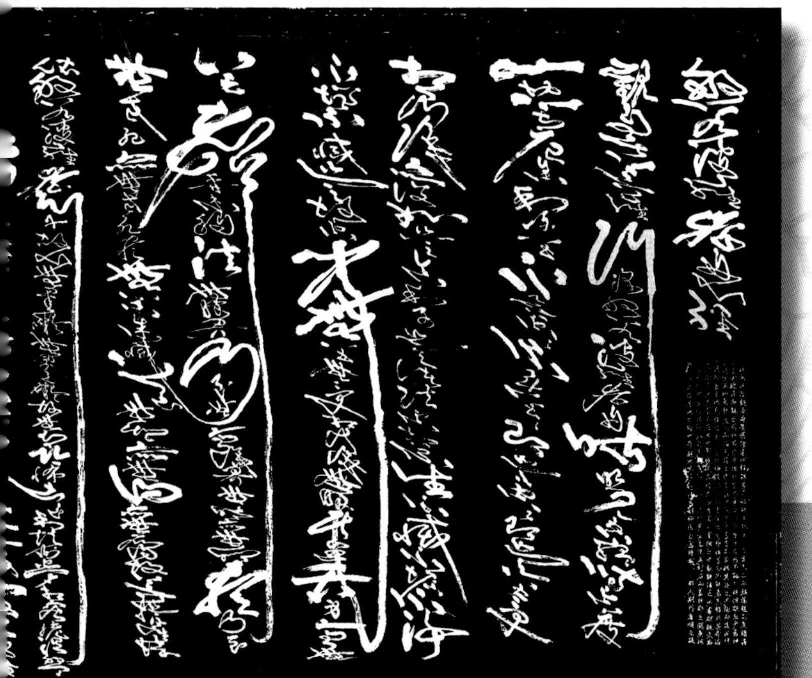

五百罗汉群雕

位于君山西麓，君山公园内。佛教中五百罗汉原本只有形象而无名号，后由江阴乾明广福禅寺高僧逐一定名，五百罗汉始有名号，这是江阴对中国佛教的一大贡献。

五百罗汉群雕

五百罗汉群雕

五百罗汉群雕

唐代石经幢

2008年于兴国寺西侧出土，据考证年代为唐咸通十一年（870年），虽有部分构件缺损，但仍不失其历史价值和文物价值，由此证明在北宋兴国寺之前的唐代，此处就建有寺院。

位于兴国园西侧的石经幢亭

石经幢上的莲花座

石经幢上的盘龙

石经幢上的经文和纪年题刻

石经幢上的瑞兽

石经幢上的菩萨

重新树立在兴国园西侧的石经幢

兴国寺塔

坐落江阴老城区西南隅，始建于北宋太平兴国年间（976~984年）。原为兴国教寺八角楼阁式砖木结构之七级浮屠，元至正年间，毁于战火。明正统年间，修复时增至九级。清嘉庆二十二年（1817年）遭火灾，仅剩砖体塔身。塔尖于1925年直奉军阀混战中被炮弹击中，遂成今状。江阴人民政府多次拨款修缮。1995年4月，由江苏省人民政府公布为文物保护单位。

兴国园雪景

兴国寺塔

心经碑

位于江阴市区中山公园东侧铁佛寺观音殿北壁间，为唐代异僧道松所书，由6块长方形大青石拼组而成，通高3米，宽5.5米，上刻《般若波罗蜜多心经》一卷，计279字，分13行竖刻，字体为狂草，笔走龙蛇，气势恢宏，结构严谨，字形多变。其中“多”字一撇长207厘米；“声”字径横宽达55厘米，最细一笔宽仅1厘米，粗笔宽达7厘米。各字上下左右，大小斜正，相互呼应，一气呵成。字体雄健有力却又婉转流畅，初看似反写，实为正书，奇妙异常。心经碑不仅书法艺术高超，而且镌刻技法精湛，在光线折射下阴刻碑文却让人感受有浮雕立体之感，堪称中国现存古代碑刻之最，为我国古代书法和镌刻艺术之珍品。该碑刻于南宋淳熙十四年（1187年），毁于明嘉靖末年，今碑为清嘉庆三年（1798年）照摹本重刻。1982年3月，由江苏省人民政府公布为文物保护单位。

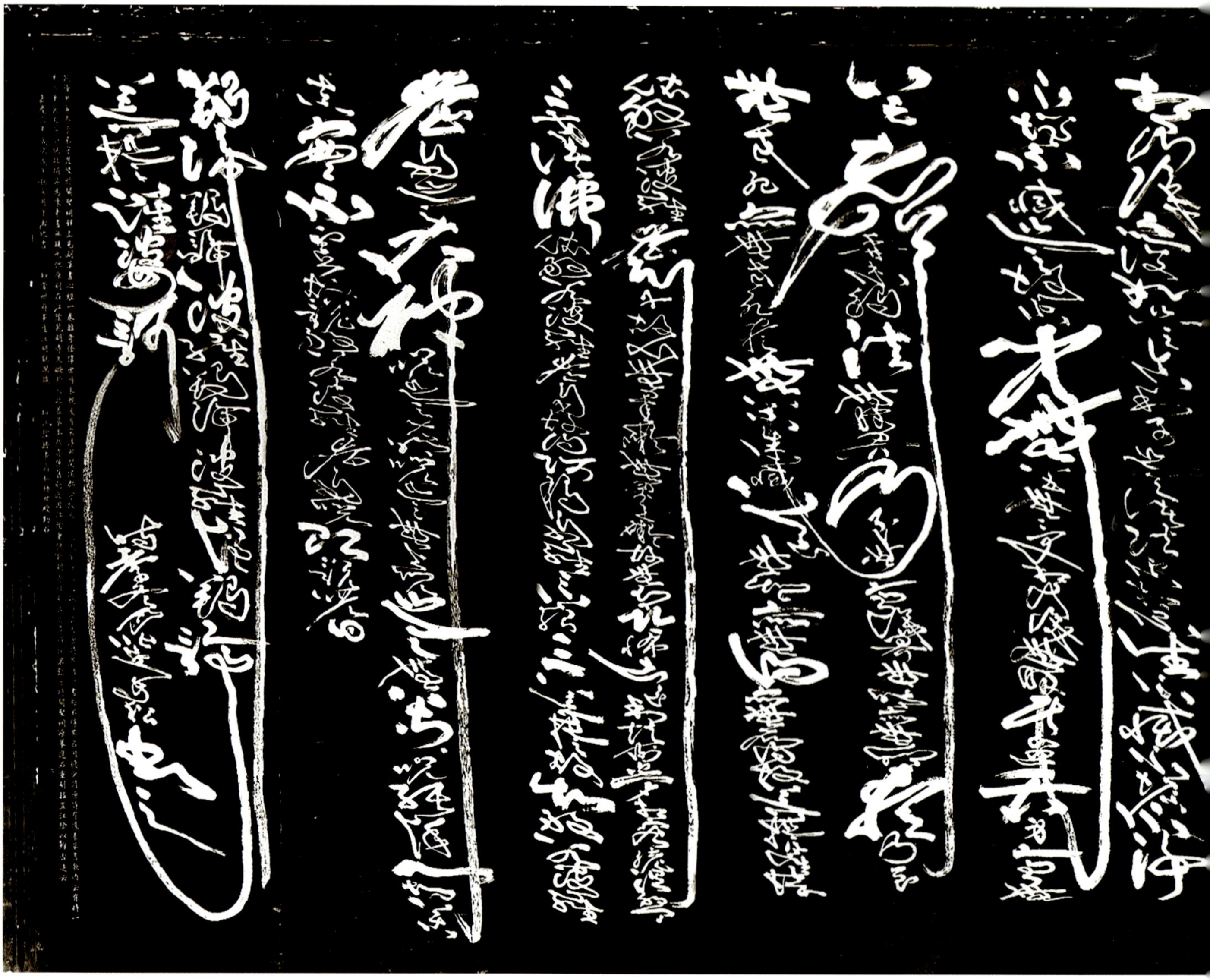

心经碑殿

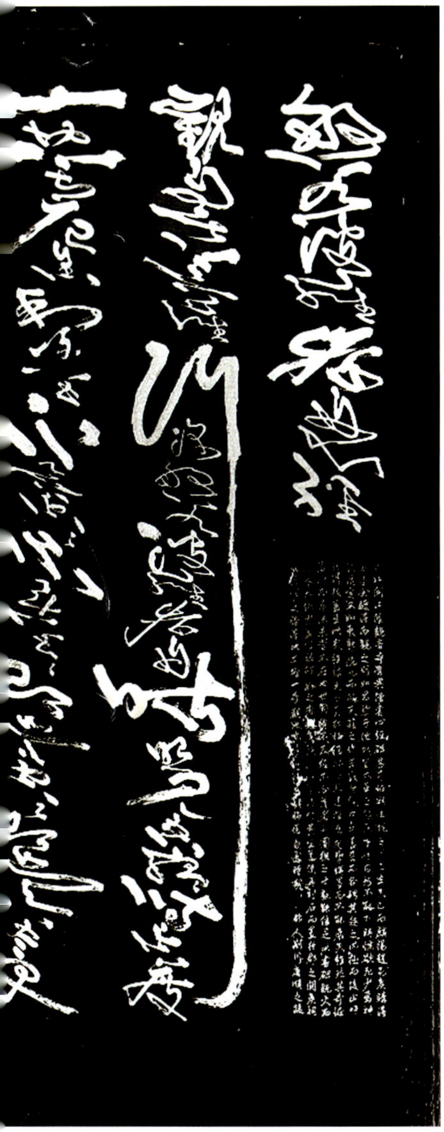

心经碑拓本

泗州大圣宝塔地宫

位于青阳悟空寺旧址，2003年11月，江苏省联合考古队进行了考古发掘，在地宫内出土一件石函，内盛影青瓷钵、影青点彩净瓶、鎏金佛指、银坐龙、水晶球等。净瓶内盛舍利，据石函铭文记载，为泗州大圣僧伽舍利。经书记载，泗州大圣僧伽乃观音化身。宝塔由僧应云与信徒沈惟素募缘建造于宋景德三年（1006年），将兴国寺僧善聪保存之僧伽舍利藏于塔下，永充供养。观音舍利为国内首次发现，尤显珍贵。

竖井式位于塔基中心偏东1米，由6块青石组成0.6×0.45×0.3米密室，上以填土夯实。2009年4月，由江阴市人民政府公布为文物保护单位。

影青点彩净瓶

泗州大圣宝塔地宫发掘现场

水晶球

银坐龙

鎏金佛指

影青瓷钵

舍利

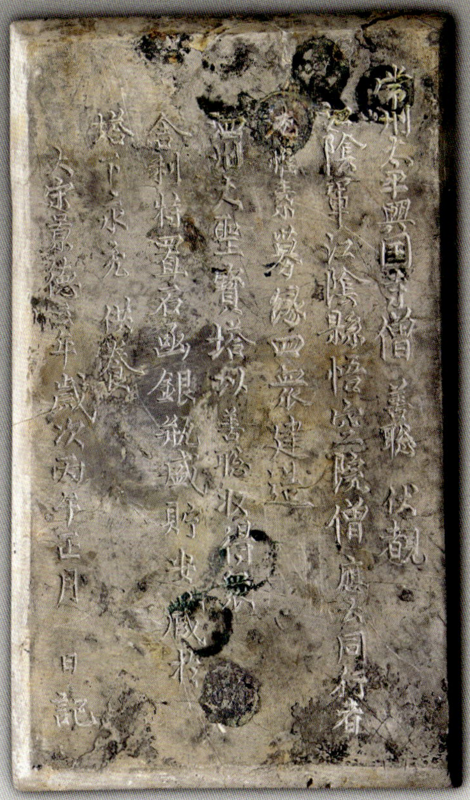

石函

泗州大圣宝塔地宫出土佛教文物

北宋乾明广福禅寺专用水井——广济古泉（四眼井）

井栏绳痕

北宋乾明广福禅寺大殿柱础

北宋乾明广福禅寺大殿柱础雕刻

顾山北麓香山观音禅寺

梁敬帝墓及苍山寺

梁敬帝萧方智为梁元帝萧衍第九子，陈霸先篡位，封其为江阴国王，卒后葬于江阴西乡，堆土为墓，一名“苍墩”。今墓墩及护陵河犹存。1985年10月，由江阴县人民政府公布为文物保护单位。

苍山寺

夏港永安禅寺

前栗山崇圣寺

泰清寺

始建于唐天祐三年（906年），邑人戴思逵、陆顿相谋，召僧徐灵祀立为刹。宋景德四年（1007年），真宗赵恒赐额“景德院”，天圣三年（1025年）更名为“泰清院”，后改名为“泰清寺”。唐代曾出活佛戴定光，名冠江南。

泰清寺寺门

泰清寺大雄宝殿

泰清寺内四面括手观音　须弥座高2.19米。莲座由108片莲花瓣组成，意破108种烦恼。法身高9.19米，宽6.19米，涵盖观世音菩萨出生、出家、成道三圣日，为国内之最

巨赞法师故居

巨赞法师故居灶间

巨赞法师故居水井

巨赞法师故居

位于澄江街道贯庄村东，修造于清代。原为三间二进，占地600多平方米，建筑面积200多平方米。后因年久失修，房屋大部分损坏，1998年落架大修，恢复房屋三间二侧，占地168平方米，建筑面积107平方米。正厅三间七架，侧厢进深二架，南大门为墙门。巨赞（1908～1984年），俗名潘楚桐，我国当代著名高僧、佛学家、爱国运动家，精通佛典，1949年作为佛教代表出席开国大典。曾任全国政协常委、中国佛教协会副会长兼秘书长、中国佛学院副院长。2000年4月，由江阴市人民政府公布为文物保护单位。

1980年12月，中国佛教协会副会长巨赞在第四届佛代会上致闭幕词

出版的《巨赞法师文集》

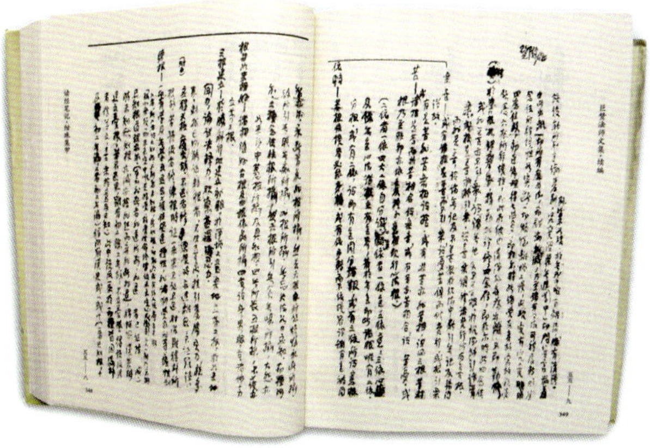

巨赞法师手迹

出版的《巨赞法师全集》

赞园晴辉阁

赞园高山仰止厅

当代高僧为赞园举行洒净仪式

巨赞法师塑像

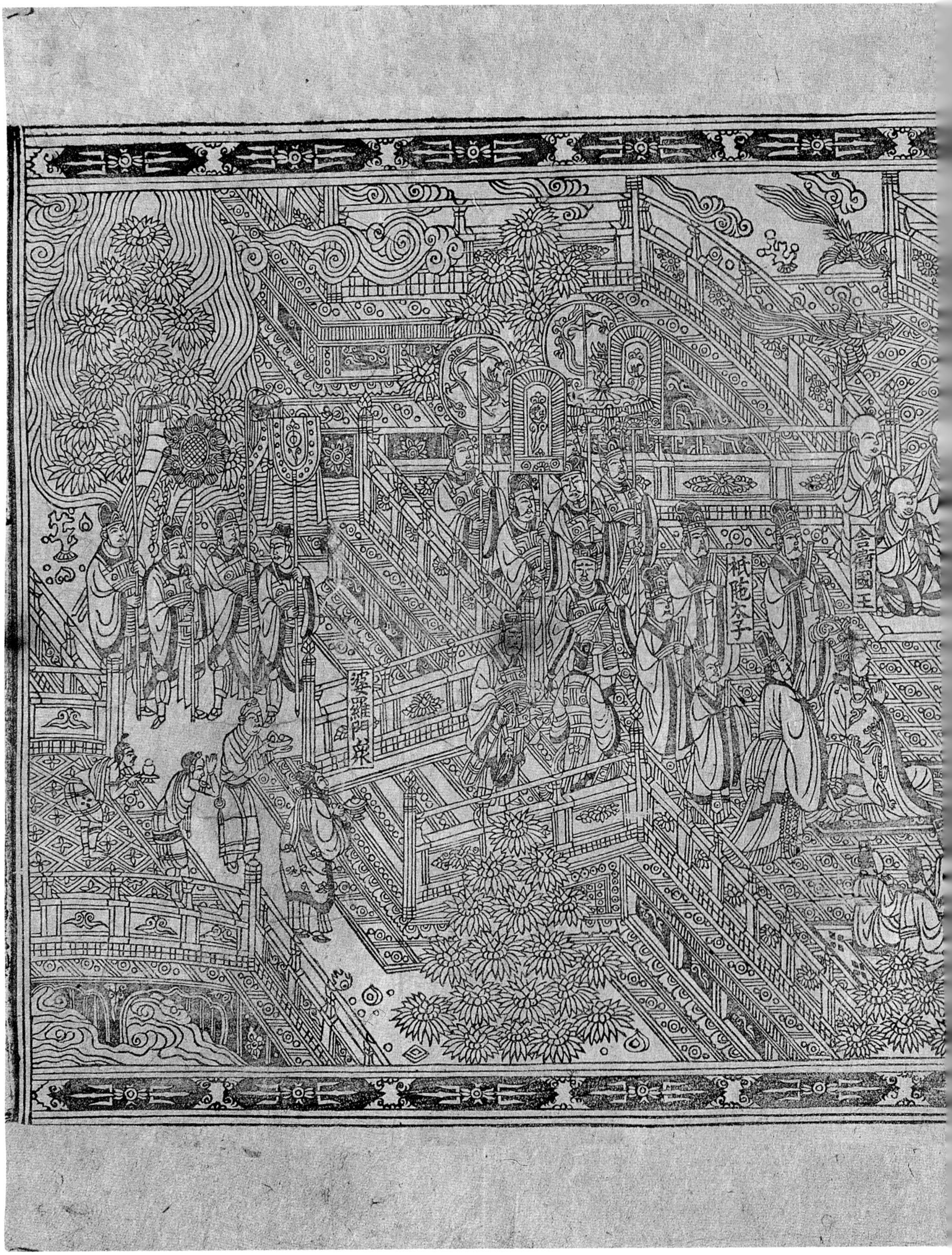

夏港尚书墩孙四娘子墓出土宋《金刚般若波罗蜜经》

古邑江陰

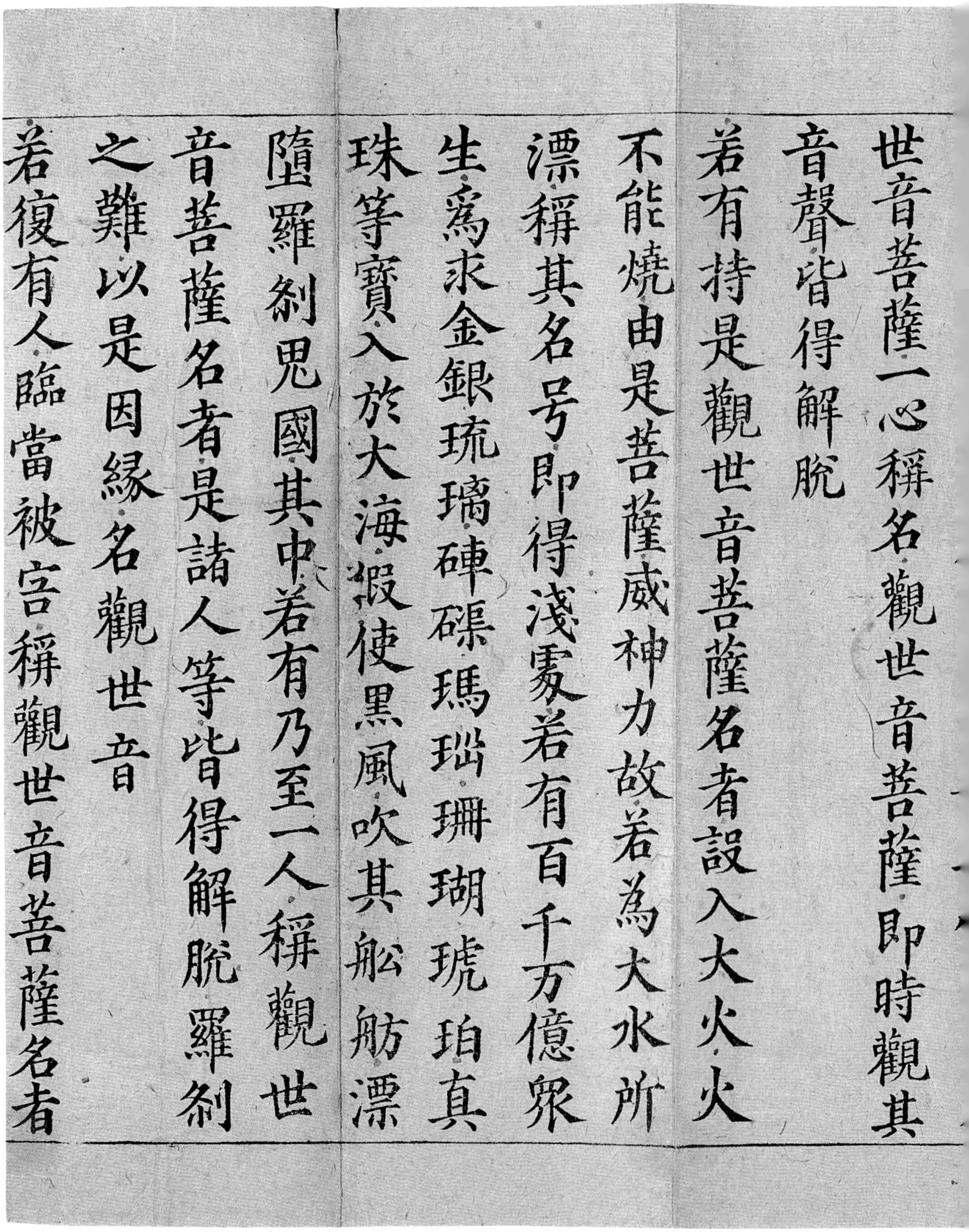

世音菩薩一心稱名觀世音菩薩即時觀其
音聲皆得解脫
若有持是觀世音菩薩名者設入大火火
不能燒由是菩薩威神力故若為大水所
漂稱其名号即得淺處若有百千万億衆
生為求金銀琉璃硨磲瑪瑙珊瑚琥珀真
珠等寶入於大海假使黑風吹其舩舫漂
墮羅剎鬼國其中若有乃至一人稱觀世
音菩薩名者是諸人等皆得解脫羅剎
之難以是因緣名觀世音
若復有人臨當被害稱觀世音菩薩名者

夏港尚书墩孙四娘子墓出土宋《佛说观世音经》

佛說觀世音經一卷

補闕真言

唵　呼嚧呼嚧　社野穆契　莎訶

時大宋國江陰軍江陰縣太寧鄉乾日里信心弟子將
仕郎試江陰軍助教葛誘為自身年七十二歲十月五日
亥時生從去年冬風氣發動攻疰四肢至今秋相次醫
理未退遂發虔心許印　觀音經一藏五千四十八卷用
冀穰灾集福今者印造經文散行流施普勸
十方信士同結殊因大中祥符六年癸丑歲九月　日記

佛說觀世音經

尒時無盡意菩薩即從座起偏袒右肩合
掌向佛而作是言世尊觀世音菩薩以何
因緣名觀世音佛告無盡意菩薩善男子

古邑江阴

江阴凭借地理位置的优势，成为水陆交通之要冲，黄田港更是襟江带湖，世称“苏南、浙西之门户”。自梁绍泰元年（555年）建制江阴后，黄田港通城河道濠阔四丈二尺，深七尺，商船可直抵城区，南通苏浙，北达淮扬，为苏杭地区船舶往来之通道。至隋大业年间，“黄田市盛，一切米豆杂物，越境跨江，应时而籴，而粜于辐辏之乡”。自盛唐起已是长江下游对日本、朝鲜和东南亚地区进行贸易的重要港埠。到了宋代，港口一带更趋繁荣，时称“江下市”。“黄田港北水连天，万里风樯看贾船。海外珠犀常入市，人间鱼蟹不论钱。”北宋王安石的诗句即是昔日江阴港口的真实写照。南宋绍兴年间，两浙路在江阴设立市舶机构，管理对外贸易，成为中国沿海11个设置市舶机构的口岸之一。清末和民国前期，江阴是长江货运浙盐、开滦煤和江西瓷器等货物的重要集散地。港口的发展促进了市肆的繁荣。

考古发掘出土的陶纺轮可以证实，中国的纺织史可以追溯到新石器时代。纺织业是江阴传统工业，被称为江阴工业的摇篮。宋代沿江一带开始种植棉花，民间土布生产亦随之兴起。元初江阴路总管府设织染局。明清时期，农村男耕女织，养蚕缫丝及纺织土布成为农家的主要副业。江阴生产的“雷沟大布”饮誉中华，由此江阴成为苏南土布生产中心地区之一，有“日产万匹，远销南洋”之盛。与此同时，江阴东南各乡形成土布交易市场，有“江

工商名区

南布码头”之称。古人“横河东去接雷沟，侵晓行人抱布稠”的诗句，正是描述了当时土布交易的盛况。20世纪初，江阴一批实业家创办华澄织布公司和利用纱厂，成为江阴近代工业的先驱。纺织业逐渐发展，生产的“九狮纱”、斜纹布、阴丹士林布等产品在国内外博览会上多次获奖。纺织业的兴旺发展，带动了机修、翻砂、电力工业的发展。

新中国成立以后，人民政府把纺织业作为基础工业，在此基础上逐步建起了钢铁、机电、水泥、陶瓷、化工、船舶修造等行业，奠定了江阴现代化工业的基础。20世纪70年代，乡镇工业以纺织工业为主体异军突起，在历经了几番风雨之后，挥发出勃勃生机。党中央改革开放的方针为江阴工业的腾飞插上了翅膀，毛纺、化纤、电子、丝绸、针织、服装、钢绳、包装、光缆等一大批新型的现代化工业的发展，使江阴的经济建设始终走在全国县（市）的前列。长期以来，因囿于军事要地，使江阴得天独厚的港口优势未能充分开发、利用。如今，江阴作为长江三角洲沿海经济开发区，港口迅速发展，沿江35公里岸线得到充分开发，被誉为长江“黄金水道中的黄金地段”。江阴港作为长江下游江、河、湖、海联运换装，国内外双向辐射的深水良港，已货通世界五大洲，昔日古老的港口得到了新生。江阴人民以占全国万分之一的土地，千分之一的人口，创造了占全国25%的国民生产总值，拥有占全国百分之一的上市公司，成为名副其实的工商名区。

黄田港及锡澄古运河

黄田港位于君山西北，为昔日江阴长江沿岸11个港口中最重要的港口，兼有交通、水利、渔业、外贸等功能。黄田港相传为战国时期楚相黄歇开凿，以引江水灌溉田地。其南段与锡澄古运河相接，可南通苏浙，北达淮扬。唐至宋，港口一带形成繁荣市场，称“江下市”，朝鲜、日本及东南亚地区商船时有抵港。北宋王安石：“黄田港北水如天，万里风樯看贾船，海外珠犀常入市，人间鱼蟹不论钱”的诗篇，就是昔日的写照。南宋绍兴十六年（1146年），设市舶机构管理对外贸易。

今日之黄田港早已建成现代化的港口，是江苏省重要对外贸易的港口之一，锡澄古运河亦为江南水运要道。

黄田港口

江阴港夕照

南通无锡太湖的锡澄古运河

利用纱厂

利用纱厂由邑人钱以湘会同吴汀鹭、严荫庭、严子萱、汤同生等实业家集资创办于清光绪三十四年（1908年），以九狮为商标，宣统二年（1910年）正式投产，有纱锭15040枚，职工600余人，日产棉纱30余包。至民国初年，纱锭增至近20000枚，职工达1000余人，成为江阴早期纺织的最大企业。当年工厂水塔和公司石额是这一历史的见证。

利用纱厂水塔

利用纱厂公司石额

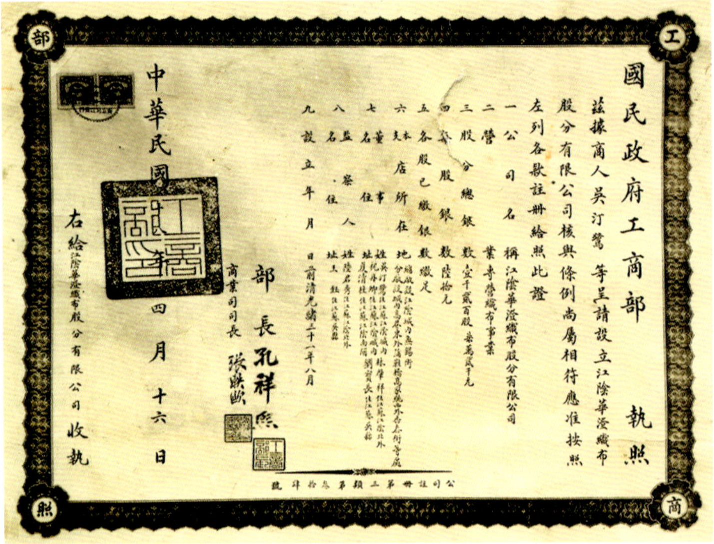
國民政府工商部 執照

茲據商人吴汀鷺等呈請設立江陰華澄織布股分有限公司核與條例尚屬相符應准按照左列各款註冊給照此證

一 公司名稱 江陰華澄織布股分有限公司
二 營業 专營織布事業
三 股分總數 壹千貳百股 柒萬貳千元
四 每股銀數 陸拾元
五 各股已繳銀數 繳足
六 本店支店所在地
七 董事姓名住址
八 監察人姓名住址
九 設立年月日 前清光緒三十一年八月

部長 孔祥熙
商業司司長 張軼歐

中華民國 四月十六日

右給江陰華澄織布股分有限公司收執

公司註冊第三類第叁拾肆號

华澄织布厂执照

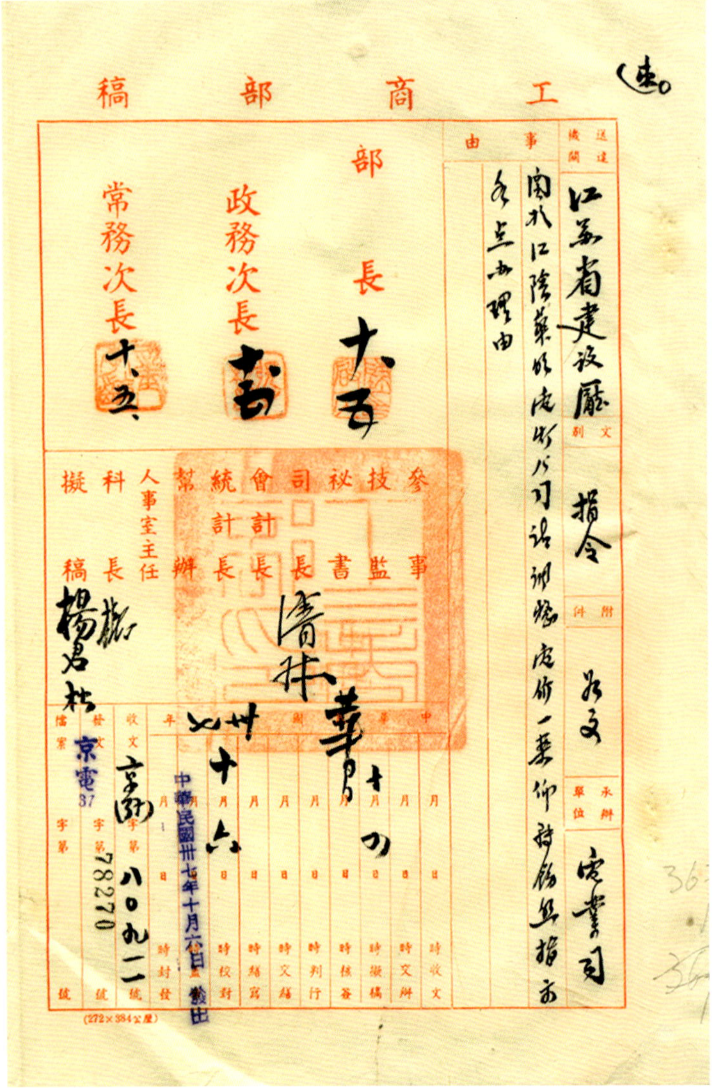
工商部稿

送達機關 江蘇省建設廳
文別 指令
附件
承辦單位 商業司
事由

部長
政務次長
常務次長

參事 技監 秘書 司長 會計長 統計長 幫辦 人事室主任 科長 擬稿

中華民國卅七年十月六日發出

华明电灯公司批文

由吴汀鹭等创建于清光绪三十一年（1905年）设在唐公祠内的华澄织布厂车间

钱土纱业公所

位于澄江街道北大街117号，君山西南800米，定波闸北面200米。坐西朝东，面临浮桥河，为硬山式砖木结构，面积200平方米。共五开间二层楼房及两侧厢楼，第二层走廊为木结构，雕花，石库门。钱土纱业公所原为三个老板合伙经营钱庄、鸦片和棉纱的场所，日军占领江阴时，为侦缉队居住，1949年后李泽生在此开设综合医院联合诊所。2009年4月，由江阴市人民政府公布为文物保护单位。

创建于清末的钱土纱业公所

钱土纱业公所二层走廊

钱土纱业公所后堂

传统纺织设备

江阴至少在宋元时期，纺织业已经相当发达，有“日出万匹，衣被天下”、“江南布码头”之称，为今日江阴之现代工业的发展奠定了坚实基础。

碾整土布的明代石元宝

织造土布的清代纺纱机和织布机

织锦机

长泾蚕种场

至今仍在使用的育种室

位于长泾镇北街东端，原为大福蚕种场，分南北两场，由长泾民族工商业家宋楚材创办于1928年、1936年，规模宏大，时为江南最大的蚕种基地，享誉大江南北。南场今已不存，而北场保存完好。其以砖木结构为主，坐北朝南，占地面积4898平方米，建筑面积5299平方米。前为平房院落，后为二进二层楼房。另有地下室，其中育蚕用具、温度调节、通风保暖设施、器具升降装置等，均保存完整，是一处设计独特的民国建筑，也是国内不多见的反映我国蚕桑生产业的专用建筑。2002年10月，由江苏省人民政府公布为文物保护单位。

蚕种场一隅

蚕种场第二进一隅

蚕种场第一进生活用房与消毒室

青阳茧行

位于青阳镇南沿河街50号。始建于1953年初，历时四年完成，坐西朝东，面临市河街，与葛氏宗祠相邻。分前后两幢，青砖清水墙体，房屋高大，建筑质量之优在江南地区罕见。占地面积6000平方米，建筑面积2200平方米。该建筑为集烘、贮、防潮为一体的特殊功能性建筑，是当时苏南地区最大的蚕茧集散地之一。2009年4月，由江阴市人民政府公布为文物保护单位。

始建于民国年间的青阳茧行旧址

乐群堂（含乡公所）

位于周庄河东街周庄中心小学内。乐群堂由周庄商会建于1925年4月，二层，面阔五间，进深七架，人字梁，硬山顶，占地850平方米，建筑面积500平方米，灰塑“乐群堂”三字为时任民国南京政府考试院院长戴传贤（即戴季陶）所书，并有他题写的“敬业乐群”匾额一方。该楼为典型的民国仿西式建筑。另有五间中式敞厅，保存完好。

乐群堂前有清末古建筑一座，设有廊轩，为硬山式仿明建筑，面阔三间，进深七架。民国时曾作为周庄乡公所，厅堂中所悬楹联为江阴文字最长之作。后墙砌有青石质石刻构件，为明代之物。该建筑近年曾整修，除门窗缺损外，余皆保存完好。2009年4月，由江阴市人民政府公布为文物保护单位。

乐群堂

建于20世纪50年代的长泾供销社旧址

薛福基像

尚仁中学旧址

位于青阳镇塘头桥，为江阴最早的初级商业职业学校。由中国橡胶工业的奠基人薛福基创办于1924年，专门为其开设的上海大中华橡胶厂培养人才。学校占地12000平方米，建五楼五底楼房两幢及平房42间，除教室、办公室和学生、教职员工宿舍外，有图书馆、实验室、小商场、体育场等，各项设施俱称完善。后为塘头桥小学，今校舍保存完好。2009年4月，由江阴市人民政府公布为文物保护单位。

尚仁中学旧址

尚仁中学旧址

尚仁中学旧址

华西村工厂旧址

为中国农村的典范，位于江苏省江阴市区东、华士镇西。华西于1961年建村，最初面积0.96平方公里，人口1500多人。40多年来，在吴仁宝老书记的带领下，华西人努力发扬“艰苦奋斗、团结归口、服务分配、实绩到位”的华西精神，建设了一个社会主义新农村，被赞誉为“天下第一村”。20世纪50年代创办的建业窑与五金厂等厂房至今犹存，为中国乡镇企业最早发源地的历史见证。2009年4月，由江阴市人民政府公布为文物保护单位。

华西村现存的早年厂房及氨水池

当年五金厂传达室

乡镇工业遗存

江阴的乡镇工业始于20世纪60年代，兴盛于80年代。至20世纪末、21世纪初则达到鼎盛时期。随着改革开放的深入，乡镇企业逐渐被民营企业所替代，规模宏大，科技领先，设备先进，产品质量一流，畅销国内外市场，成为江阴工业发展的新形势。昔日的乡镇企业为今日江阴工业的腾飞打下了坚实基础，这些遗存是这一历史的见证。

周庄马铁厂车间、水塔

创办于民国年间位于青阳三元桥西堍的江阴万源布厂旧址

青阳镇江阴粮食仓库旧址

顾山镇江阴粮食仓库旧址

古邑江阴

江阴中医药有着悠久的历史。唐代初，官府即设有医学博士，元时设医学教授，专司掌管一县之医药之事。历代名医辈出，流派纷呈。元有吕逸人、陆文奎均为一时之翘楚。到了明代，有是巨渊、邢济川、吕夔、吕应钟、林胥、夏颧、曹建、缪坤等中医名家。其中夏颧字叔度，号雪州，江阴东乡长泾习礼里人。生活于元末明初，善中医外科。其品高行端，对名利不关于心，常以医药针术济人，学博行修，广交四方贤士，时与“元四家”之一的倪瓒为烟霞契友，与画家王绂、诗人许恕、名士钱忠益、张瑞等交好，专筑澄怀、停云二轩交纳贤士，为一代儒医。

清代更是群星璀璨，名著史册的医家就有43人。雍正、乾隆年间，华士叶德培、姜学山、姜健、王钟岳、贡一帆、孙御千、戚云门、戚金泉，医术精湛，名震吴中，时称“龙砂八家”，历盛200余年，代有传人。其中叶氏八世，姜氏九世，出名医17人，姜成之辑成《龙砂八家医案》，是为传世名著。清末，周庄柳宝诒毕生致力伏气发温的研究，首创助阴托邪法，以治伤寒症著称，为名震江浙的温病学家。晚年筑“惜余小舍”著书授徒，门人盈百，有《惜余小舍医药丛书》、《柳选四家医案》等专著。由其创办的柳致和堂中药店延续至今，为江阴著名的百年老店。另有清末优贡出身的华士张少泉，亦是一位博学精医的名家。

中医之乡

晚清至民国时期，西医渐入，江阴的中医药事业在抗争中发展生存，不乏名医。城内曹家达为典型的经方派代表，早年钻研仲景学说，后悬壶沪上，兼教书育人，医德高尚，治学严谨，为诸学生所称颂。北涸张宿辉擅长外科，按脓头有独创之处，尤对深部肠痈之患一摸即能正确诊断有脓无脓，脓腔范围之大小，脓液之稀薄稠厚，誉为绝技。云亭夏子谦擅长调治内伤杂病，长寿周少征为中医妇科世家，盛名乡里。华士针学巨擘承淡安，20世纪30年代创办中国针灸研究社、讲习社及针灸专科学校，并办有函授班，学员3000余人，遍及国内和朝鲜、越南、新加坡、日本等，挽救了濒临失传的中国古老针灸术，并使之发扬光大，为我国著名的针灸学家。

新中国成立以后，人民政府扶持并发展中医药事业，倡导走中西结合的道路，发掘祖国医学宝库，鼓励老中医带学生，编写中医专著，开办学校培育新人。1978年，江阴市中医院成立，使江阴的中医药事业得到不断发展。目前，江阴市中医院以一流的设备条件和医护人才，成为国内著名的中医院，在保护和发扬中国传统医学方面作出了不凡业绩，涌现出一大批江苏省名中医和旅外医家。自古以来，江阴民间养生、保健蔚然成风，传统的膏滋药已成为省非物质文化遗产。在中药砲制方面，天江药业公司以现代科技取代传统中药砲制方法，使中药的配置更科学、更安全，病家服用更方便，为中国中医药的发展作出了积极贡献。

长泾夏颧墓出土明代外科医疗器械

明代儒医夏颧

夏颧字叔度，号雪州，长泾习礼人。擅长中医外科，医术精湛，名震吴中，且知识渊博，交友甚广，元末明初书画大家倪瓒（云林）即为其挚友。20世纪70年代中期，从其墓葬出土一套医疗器械，为中国目前发现的唯一一套明代外科医疗器械，弥足珍贵。

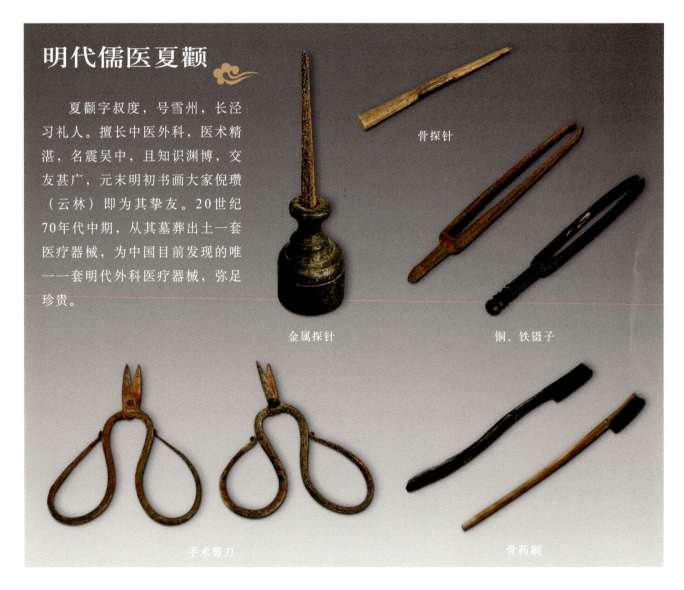

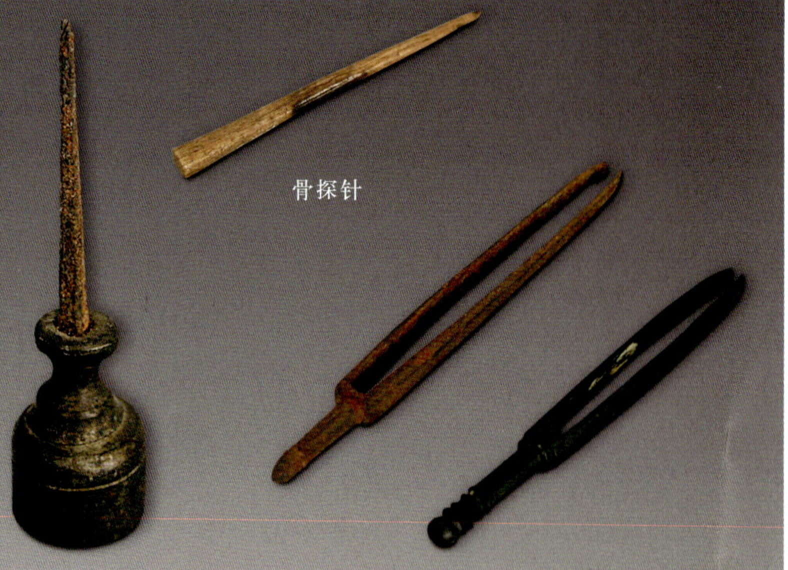

骨探针

金属探针

铜、铁镊子

手术剪刀

骨药刷

柳叶式、平刃手术刀

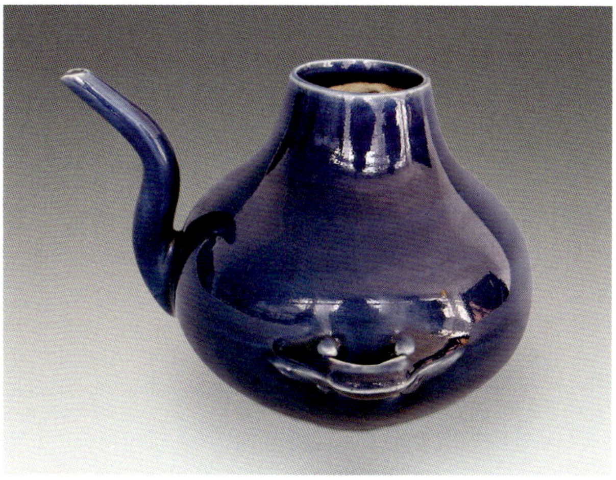

霁蓝淋洗瓷壶

青瓷淋洗壶

四眼瓷熏罐

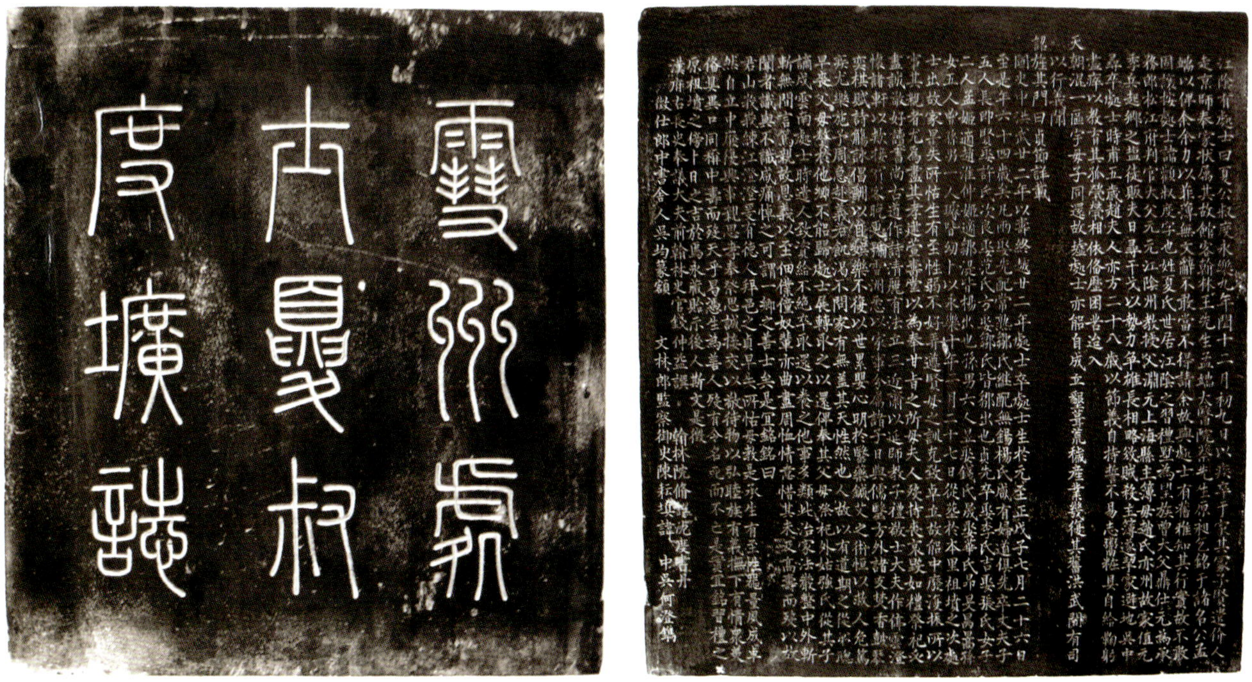

夏颧墓志拓本

温病学家柳宝诒故居

柳宝诒（1842～1901年）字谷孙，号冠群。江阴周庄镇东街人。清同治四年（1865年）秀才，光绪十一年（1885年）以优贡入京试用正红旗官学教习，兼以行医，士大夫以病求治，辄着手成春。后见清廷腐败，归里精研医道。有贫苦就诊者，开方给药，不取分文。为人治病之余，著书立说，广授门徒。柳宝诒于晚年致力于著作，有《惜余小舍医学丛书》计12种。今存《温热逢源》、《疟疾逢源》、《柳选四家医案》等。其故居位于周庄镇东街，坐南朝北，二层三开间三进，砖木结构，硬山顶，建有观音兜骑马墙，建于清末，柳宝诒命名为惜余小舍。

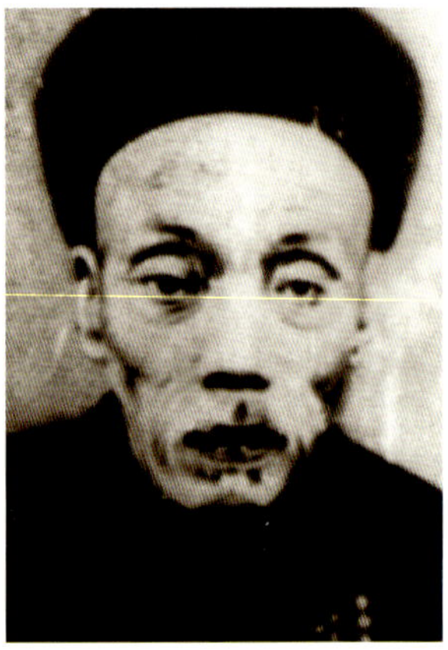

柳宝诒像

柳宝诒故居水井

柳宝诒故居

柳宝诒故居

柳宝诒故居内部木结构

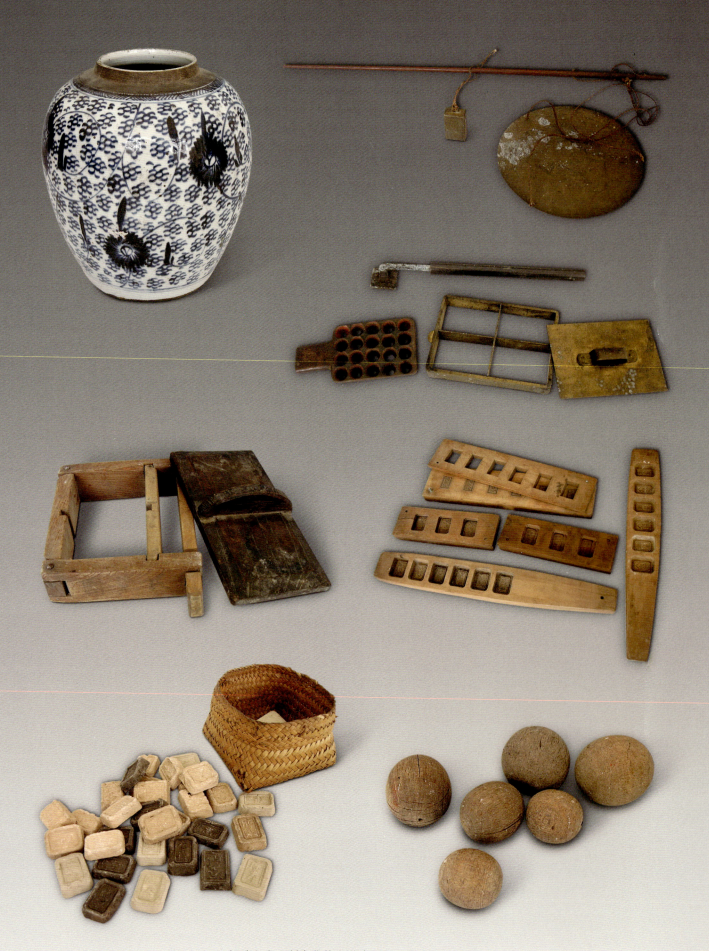

柳致和堂砲制中药的各种专用器具和工具、模具

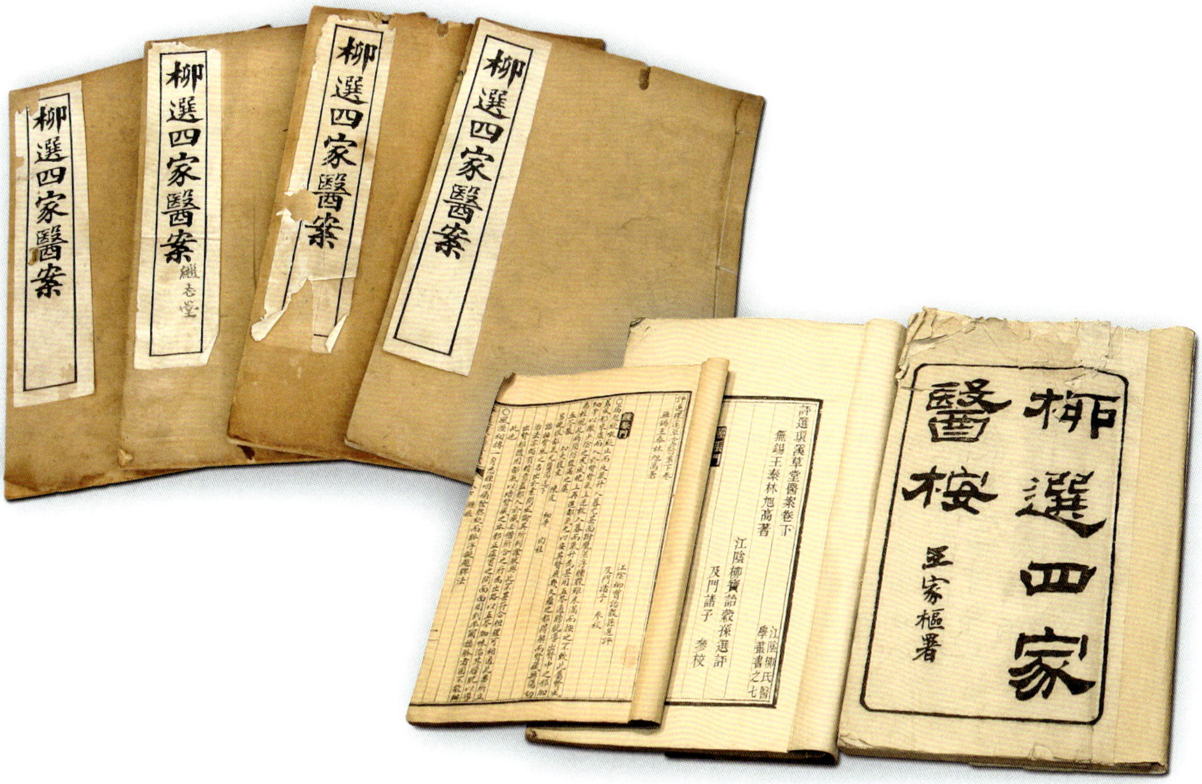

柳宝诒部分著作

柳致和堂砲制中药的各种专用器具和工具、模具

曹颖甫

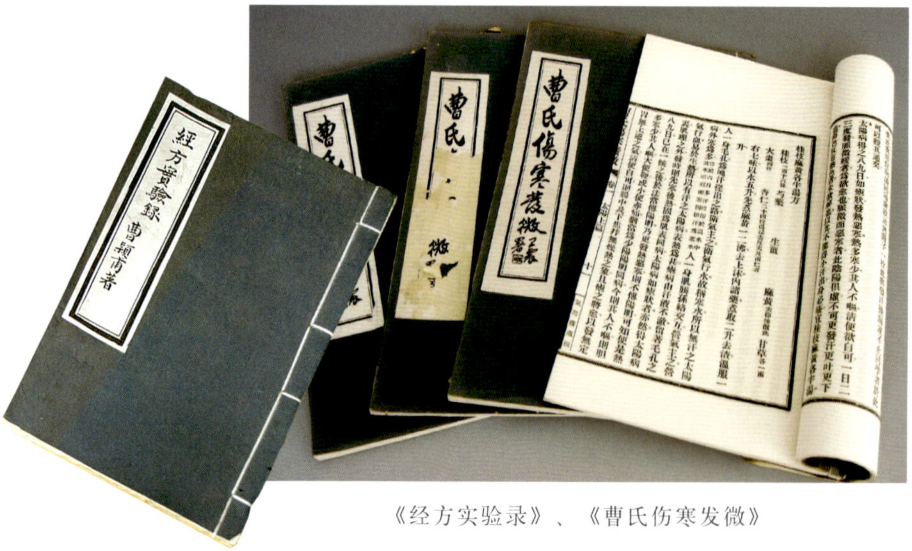

《经方实验录》、《曹氏伤寒发微》

经学大师曹颖甫故居

曹颖甫（1868～1937年）名家达，别号拙巢老人。清光绪二十一年（1895年）就读南菁书院。光绪二十六年（1900年）中举。师承南菁书院山长、经学大师黄以周（元同），常以仲景之方为人治病得心应手，后悬壶海上，任上海中医专门学校教务长。在校亲自开设讲座，教授《伤寒》、《金匮》，以其精深汉学根底，对文深义奥的仲景原旨讲解透彻，为学生所折服。著有《伤寒发微》、《金匮发微》、《经方实验录》。另著有《梅花诗集》、《气听斋骈文拾零》等。1937年为日寇所害。1992年9月，由江阴市人民政府公布为文物保护单位，今辟为江阴中医药史陈列馆。

曹颖甫故居

曹颖甫故居

中医药史陈列馆内民国年间病家赠送给著名中医李一之的匾额

建于清顺治年间的曹颖甫故居内部木结构

中医药史陈列馆内的民国年间中药店招牌

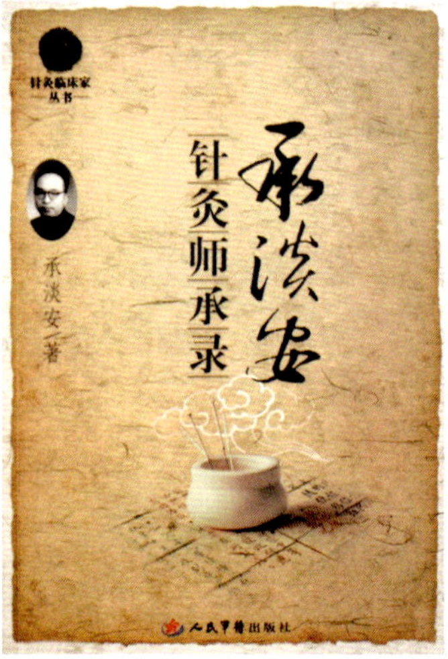

承淡安专著

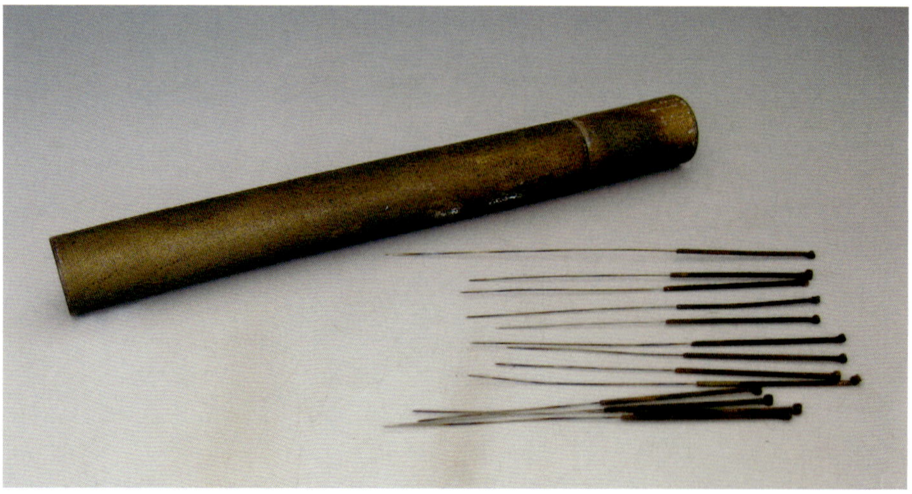

承淡安使用的银针

承淡安发明的灸具

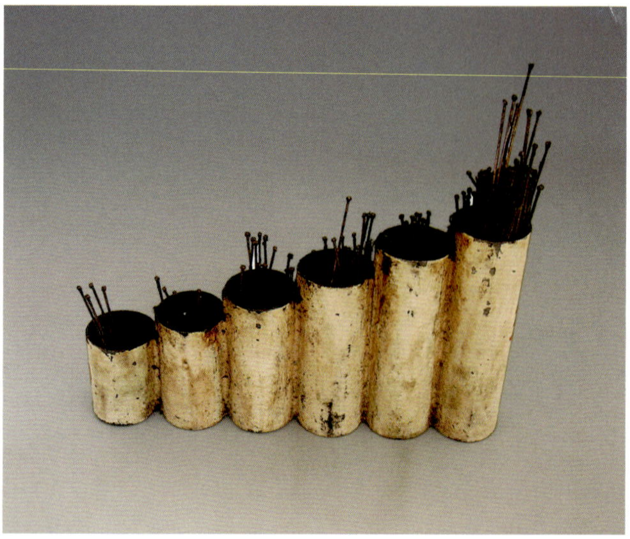

承淡安使用的银针

针学巨擘承淡安

承淡安（1899～1957年）又名启桐、秋悟。江阴华士镇人。出生于世医之家。为抢救濒临失传的针灸术，他先后在吴县望亭、无锡创办中国针灸研究社、讲习所（后改名为专科学校），震动整个中医界。新中国成立后，历任江苏省中医学校(南京中医药大学前身)教授、校长，专事中医内科和针灸教学研究工作。著有《中国针灸学》、《经穴图考》、《中国针灸学研究》、《针灸精华》、《子午流注针法》等。1955年当选为中国科学院学部委员（院士）。

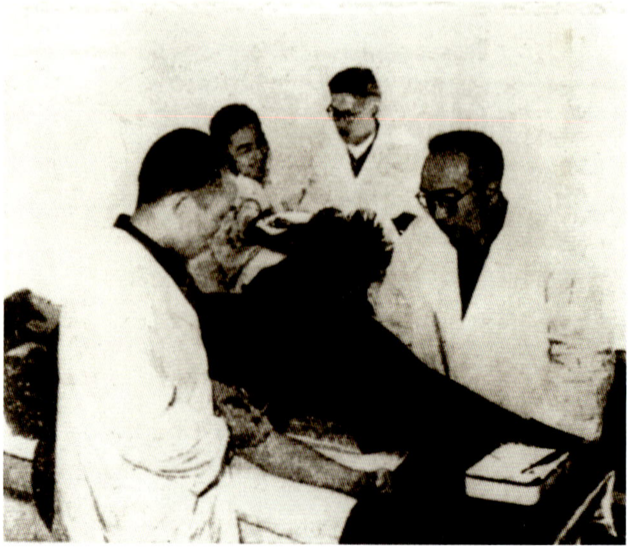

承淡安为病人诊治

1953年，承淡安成立中国针灸学研究社

承淡安使用过的竹拔火罐

砲制中药的大碾钵

明代药船

清代药船

传说中能尝百草的明代雷狸子

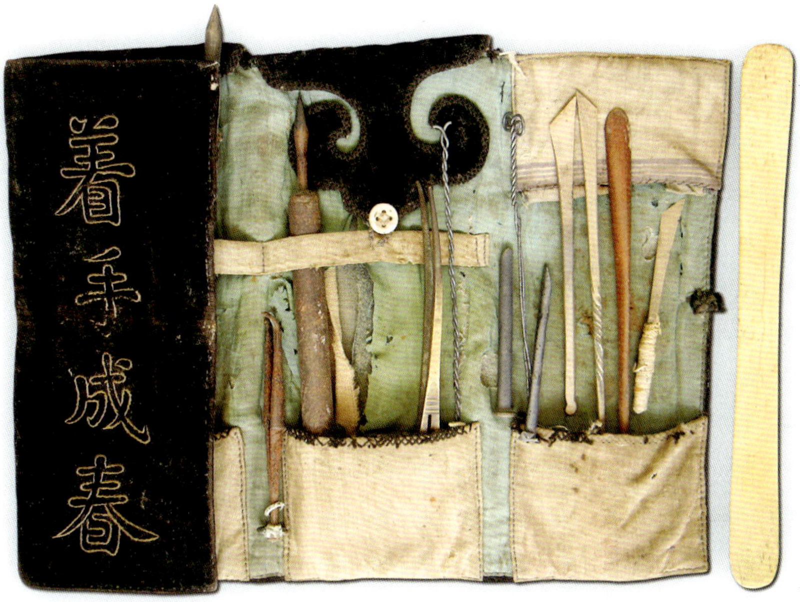

民间中医随身携带的医疗器械

提炼中药的蒸馏器

百年老店致和堂

柳宝诒于清光绪十六年（1890年）创设柳致和堂药店，亲自监制，务求精益求精，并将药品的砲制、配合、治病之理，逐方详释，汇编成《柳致和堂丸散膏丹释义》。

江阴地区中草药植物标本

致和堂独创的膏滋药被列为非物资文化遗产

由著名中医柳宝诒创办于1890年的百年老店致和堂

江阴市中医院

江阴市中医院是全民所有制综合性二级甲等中医院、全国示范中医院、南京中医药大学江阴附属医院，是卫生部国际紧急救援中心网络医院、涉外医院、爱婴医院。其占地面积17.5亩，建筑面积4.6万平方米，有江苏省名中医、无锡市名中医、江阴市名中医12人，中高级以上职称199人。

医院集医、教、研为一体，坚持“科教兴院”的宗旨，针灸、针刀、推拿秉承“澄江学派”的创新务实学风，以中医药为重点，在特色上下功夫，中医药科研工作在全国处于领先地位，有多项科研分别获得国家专利，为江阴的中医药事业继承和发展作出了卓越贡献。

拔火罐

江苏名中医袁士良

江阴中医院开设的名医堂

江阴天江药业

系国家中医药管理局“全国中药饮片改革试点单位”，国内首家研制成功中药配方颗粒（单味中药浓缩颗粒）。其中药饮片经国务院发展研究中心评定，获“中华之最”称号。产品经国家有关部门评定为“国家级新产品”。 2000年12月，公司“单味中药饮片速溶颗粒制作工艺”获国家发明专利证书，填补了国内在该领域的空白。2002年通过国家药品监督管理局GMP认证，列入国家中药配方颗粒高技术产业化示范基地，为中医药的传承和发展开拓了一条创新之路。

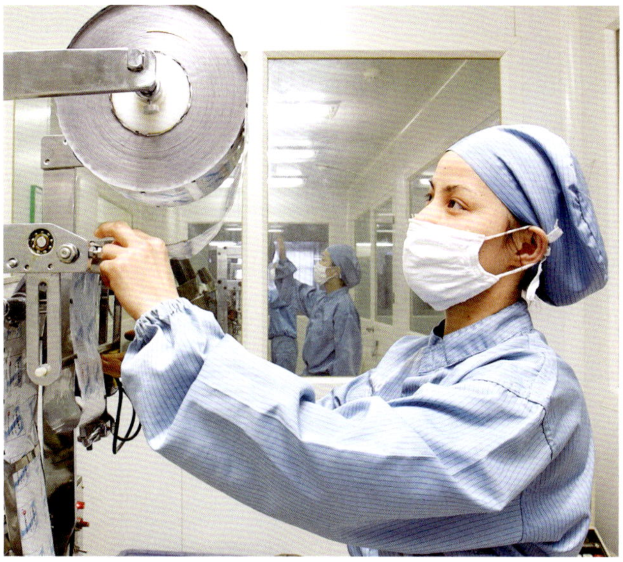

药物灌装

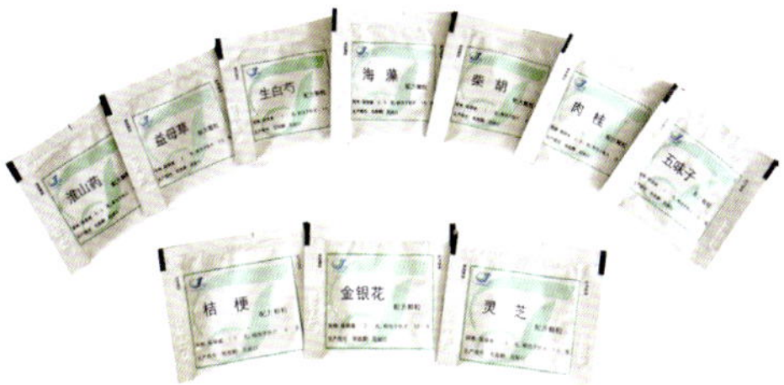

单味中药

重点高新技术企业证书

经认定，江阴天江药业有限公司

为国家火炬计划重点高新技术企业

批准文号：国科火字[2007]124号

科学技术部火炬高技术产业开发中心

二〇〇七年九月

No.Q20070097　　有效期二年

重点高新技术企业证书

中药提取物

江阴天江药业

古邑江阴

杰出的民族音乐家刘天华曾说："我国的音乐肇自牺农，盛于有周，滥于唐宋，可谓源远流长。"而近几年考古工作者发掘出土骨笛，则将中国音乐之源追溯到新石器时代早期。江阴是民族音乐尤其是江南丝竹的故乡，有着悠久的历史。春秋战国时期的《左传》中就有"季札观周乐"的记载。唐宋时期，丝竹音乐风行江阴。明清时期，江阴民乐更为兴盛，二胡、琵琶、笙、箫、笛及打击乐器在民间流行，演奏乐曲以传统古曲、戏曲曲牌、民间小调和道教、佛教音乐为主。民国时期，江阴涌现一批蜚声中外的民族音乐家、音乐教育家、民乐改革家和音乐考古家。出自书香门第、自幼通律的郑觐文，擅长琵琶、丝竹，尤以古琴最精。1902年就任江阴庙堂音乐助教，民国初任上海仓圣明智大学和圣玛利亚女学古乐教师。1918年与蔡元培、许世英等人在上海创立大同乐会，提倡国乐，并创建中国历史上第一支民族交响乐队，编著《中国音乐史》，改革二胡、琵琶等民族乐器。1926年，改编《浔阳夜月》古曲，并更名《春江花月夜》，成为一代经典名曲。二胡圣手周少梅八岁即随父兄习丝竹，古琴、二胡、琵琶、唢呐、三弦无一不精。其从事国乐教学三十年，广搜江南民间曲谱，汇编成《国乐练习曲》、《周少梅国乐谱》，用以教学，首创三把头二胡演奏法。中国杰出民族音乐大师、现代二胡学派创始人和奠基人刘天华，一生致力于国乐改革，创立国乐改进社，主编《音乐杂志》，立志"使国乐与世界音乐并驾齐驱"。他改革传统的二胡、琵琶，固定二胡定弦，把传统简单的三把演奏法，发展到七把，琵琶改革成世界通用的十二平均律乐器，将这两件难登大雅之堂的民族乐器推上了中国最高学府的殿堂。由他记谱的《梅

兰芳歌曲谱》和创作的10首二胡曲、3首琵琶曲、1首民乐合奏曲，成为宝贵的文化遗产。他的60多首练习曲，为中国民族音乐教学开创了一条全新的道路。其胞弟刘北茂忠实地继承和发展了他开创的事业，勤奋教学、创作几十年，培育了一大批民乐人才，一生创作二胡、琵琶曲100多首，称为多产作曲家，成为民族音乐大师。其胞兄刘半农，五四新文化运动先驱者，一生致力于文学革命和从事语言学研究，创立北大语音乐律实验室，为刘天华改革琵琶计算品位等律，以他独创的“审音鉴古准”仪器为北京故宫、上海、河南等地测试珍藏的编钟、编磬等古乐器的音律。撰写《琵琶及他种弦乐器之“等律定品法”》、《从五音六律到三百六十律》、《天坛新藏编钟编磬音律之鉴定》等论文，是中国考古界公认的中国音乐考古第一人。

新中国成立后，尤其是改革开放以来，江阴的民族音乐事业发展迅猛。目前，全市城乡中小学都办有民乐培训班，登记注册的民乐培训机构琴行20多家，由文化部门命名挂牌的国乐社有20余个。民间自发组织的民乐队不计其数。天华艺术学校更是一所具有一定规模和师资力量雄厚的全日制学校，为全国高等院校输送了不少人才。师生组成的民乐队已出访奥、德、日、新等国家。2003年2月18日，登上奥地利维也纳金色大厅，举办“天华之声”中国民族音乐会，引起轰动。江阴市政府还经常组织“天华杯”民乐比赛、刘天华民族音乐节、刘天华学术研讨会等活动，借以推进民族音乐的继承与传播。城乡路上行，但闻丝竹声。热爱民乐、学习民乐、演奏民乐在江阴蔚然成风。2008年11月，江阴被文化部命名为“中国民乐之乡”。

周少梅故居

周少梅（1885～1938年）江阴顾山人，刘天华的老师。早年拜善丝弦琵琶、锣鼓唢呐，尤擅三弦拉戏的顾山民间艺人陆瞎子为师，终于成为远近闻名的“丝竹圣手”。清光绪三十二年（1906年），曾于无锡荡口私立华氏鸿模高等学校、省立无锡三师、无锡中学、省立常州中学等校从事国乐教育达30年。他结合演奏活动和教学实践，广泛搜集江南民间曲谱，编刊《国乐练习曲》等教材。抗战爆发，日军入侵顾山，房舍连同乐器、琴谱均遭焚毁，沦为街头艺人。次年初夏，在无锡东湖塘染病去世。2009年4月，由江阴市人民政府公布为文物保护单位。

周少梅

周少梅故居卧室

二胡演奏家闵惠芬为周少梅故居所题匾额

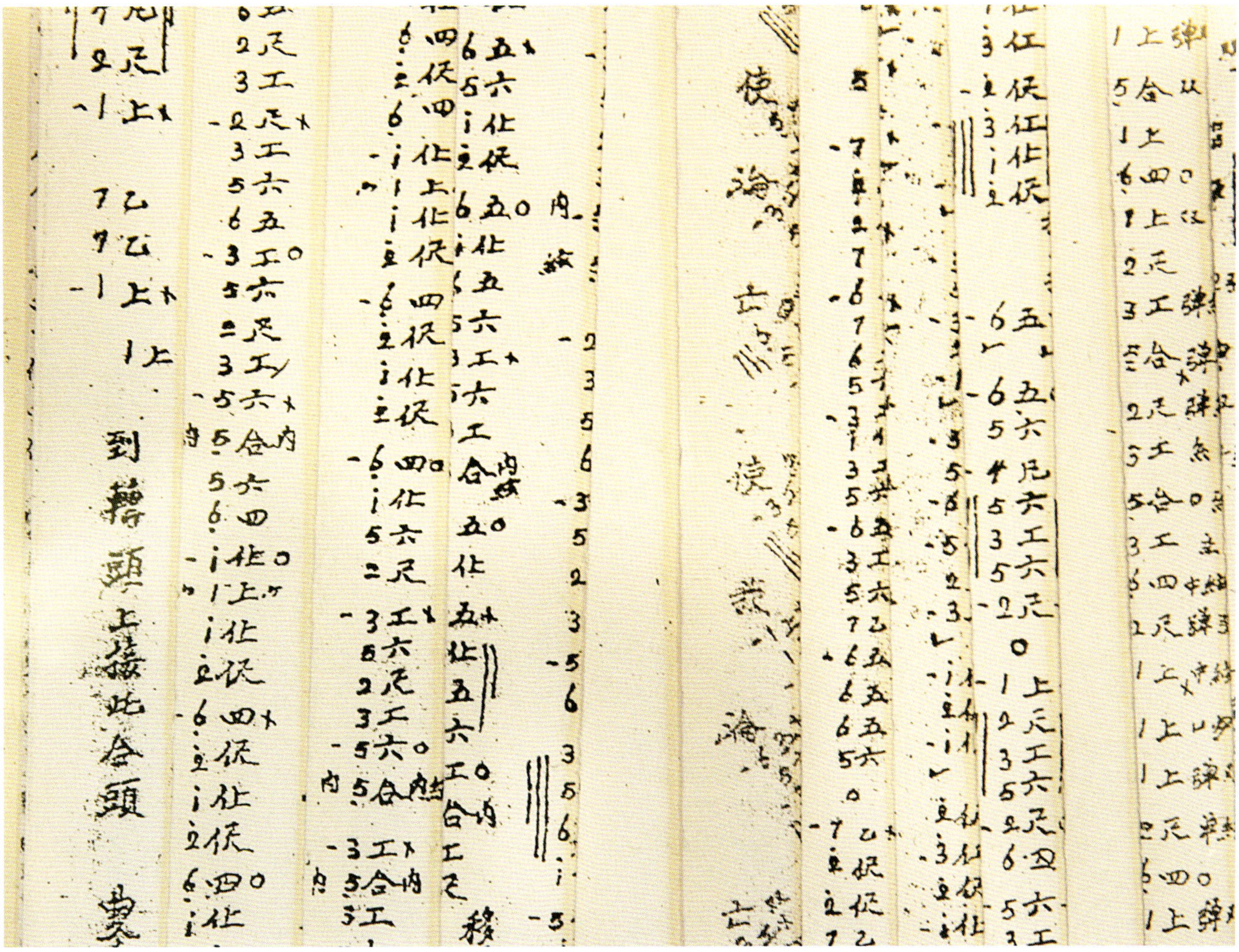

周少梅创作手稿

国乐大师郑觐文

郑觐文（1872～1935年）江阴北门外澄江桥人，清诸生。出生在书香门第，自幼爱好音乐，十二岁已通丝竹器乐，从著名琴师唐敬询学操琴，任学宫乐器助教。1888年秋赴省城南京参加乡试，考中国子监副贡生。1902年，任江阴庙堂音乐助教。民国初年赴沪，在哈同办的仓圣明智大学任音乐教授。1918年与蔡元培、史量才、许世英等人创立大同乐会，提倡国乐。曾仿制改革古乐器13大类160余件。后成立上海世界学社，整理民间乐曲。20年代初，任国乐编纂委员会主任委员。1929年著有《中国音乐史》5卷，附编2卷。编有《箫笛新谱》，录存不少民间曲调，并整理改编民乐《春江花月夜》为大型民乐合奏曲。

郑觐文

郑觐文改革的乐器

郑觐文和他的“大同乐社”同仁

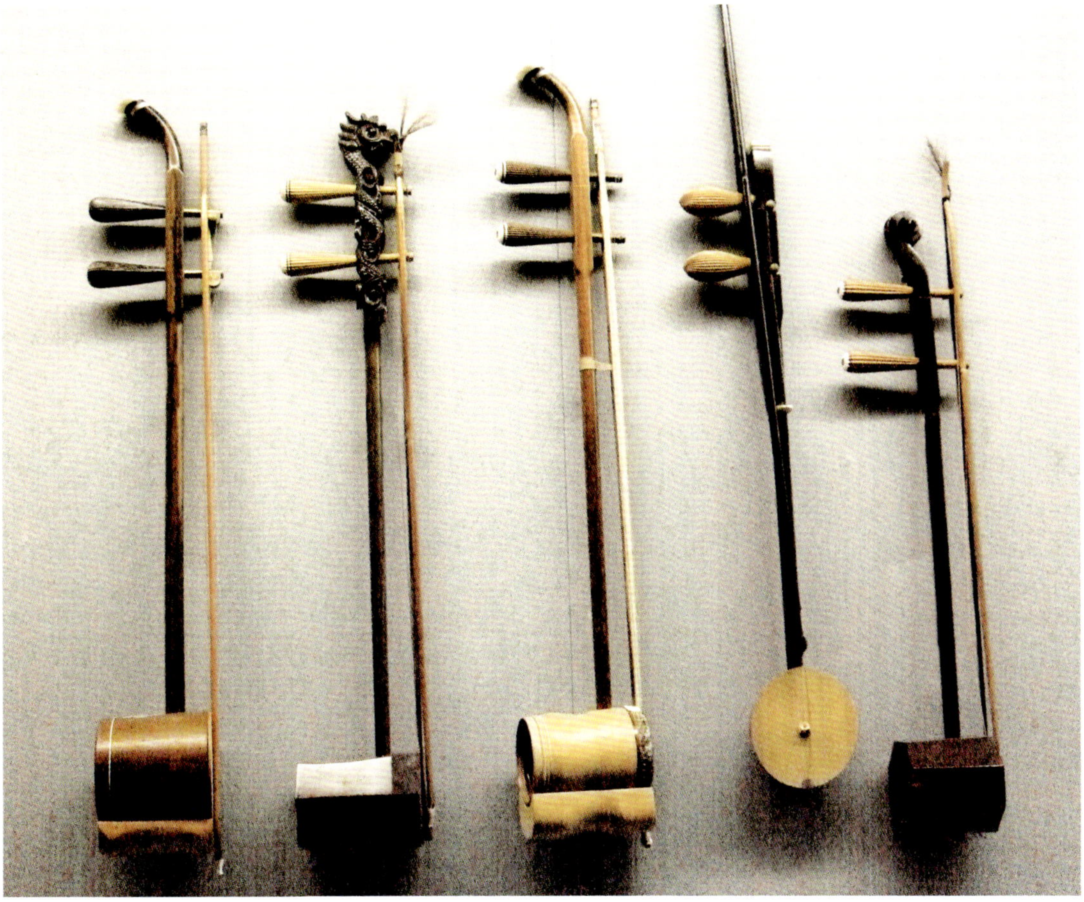

郑觐文改革的乐器

民族音乐一代宗师刘天华

刘天华像

刘天华（1895～1932年）作曲家、民族乐器演奏家、音乐教育家。1912年赴沪，参加开明剧社，任乐队演奏员。1915年返乡先后在江阴、常州等中、小学校任国乐教师，同时多方面学习民间音乐。1922年由北大校长蔡元培聘为北京大学音乐传习所国乐导师。其后在北京女子高等师范学校（后改为女子师范大学、女子文理学院音乐系）、北京艺术专门学校音乐系教授琵琶、二胡。刘天华致力国乐改进，建立了全新的二胡学派，将难登大雅之堂的二胡、琵琶推上了最高学府的殿堂。于1927年发起成立国乐改进社，编辑出版《音乐杂志》（共10期）。刘天华一生共创作二胡独奏曲10首、琵琶独奏曲3首、民族乐器合奏曲1首。他用近代记谱法记录、整理的《梅兰芳歌曲谱》，开创了中国京剧曲谱之先河。

刘氏兄弟故居刘天华卧室

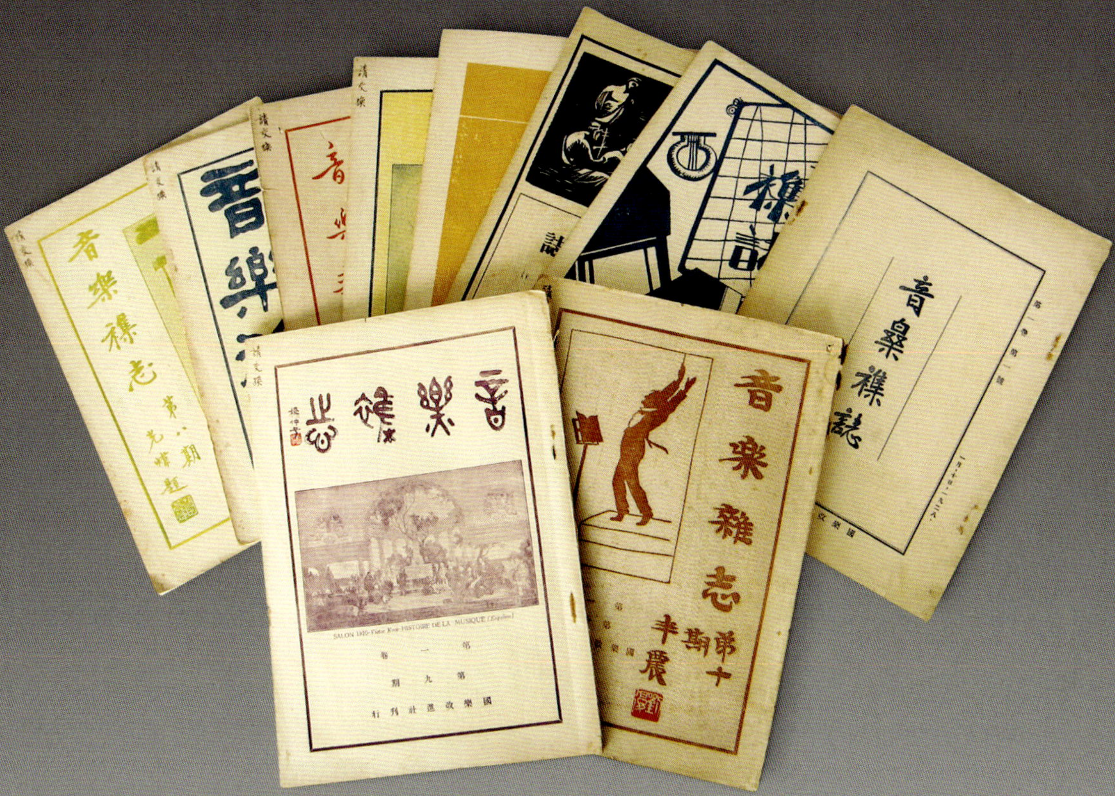

刘天华创办的《音乐杂志》

高亭公司为刘天华出版的唱片

刘天华整理出版的《梅兰芳歌曲谱》

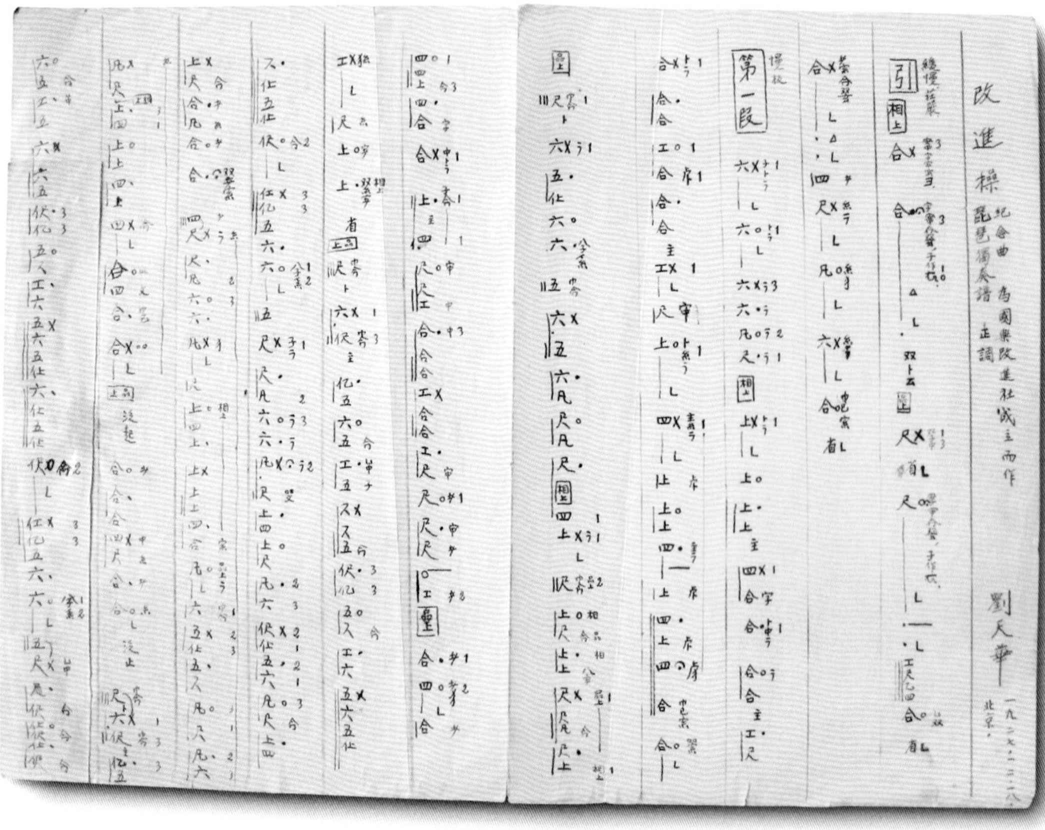

刘天华创作的琵琶独奏曲《改进操》手稿

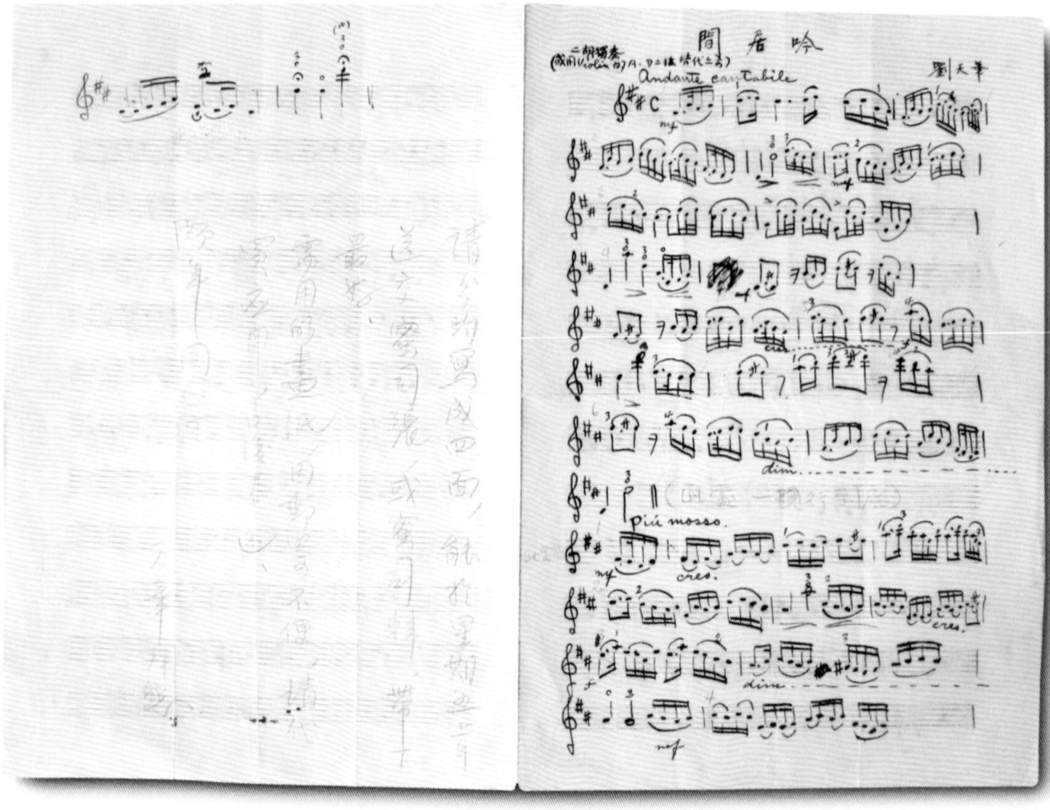

刘天华创作的二胡独奏曲《闲居吟》手稿及附言手记

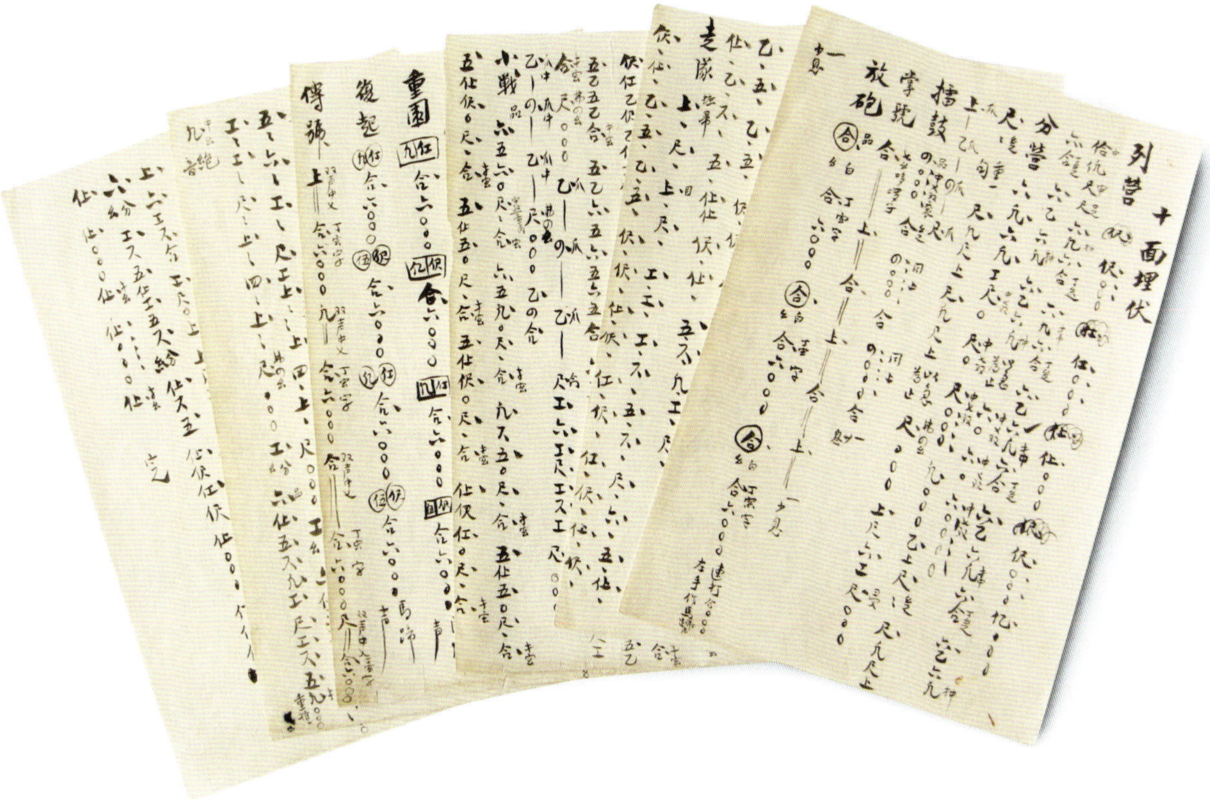

刘天华整理的古曲《十面埋伏》手稿

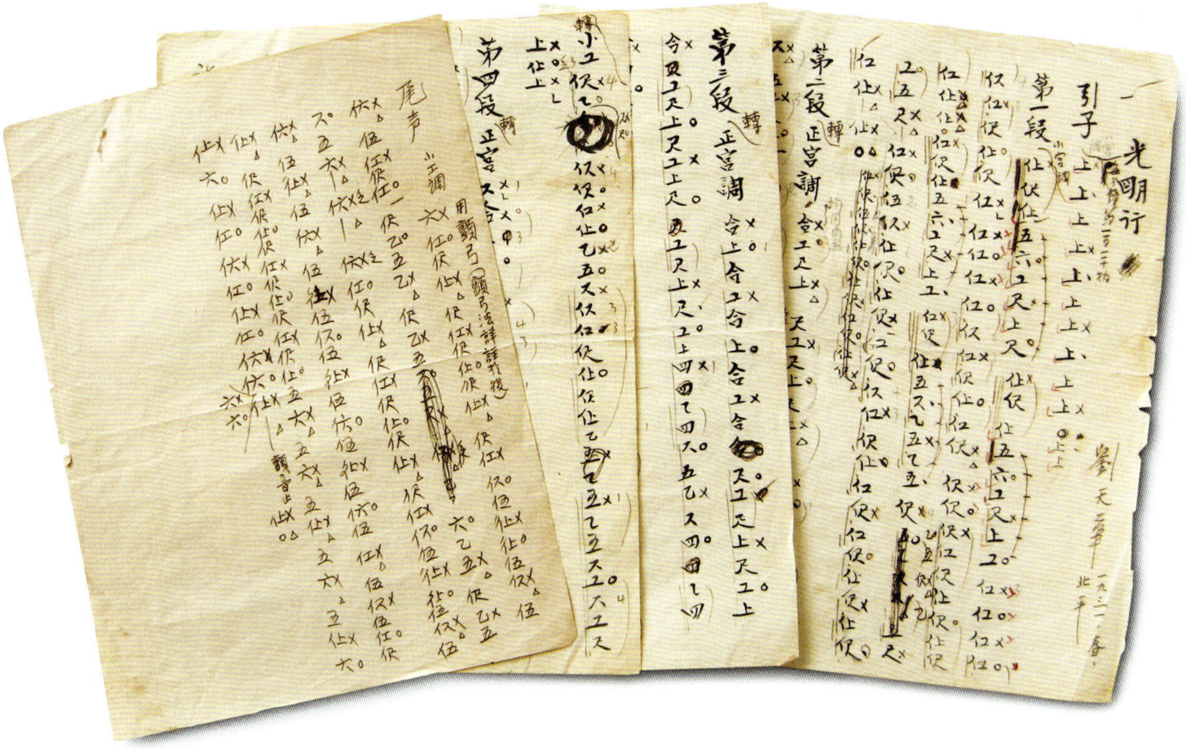

刘天华创作的二胡独奏曲《光明行》手稿

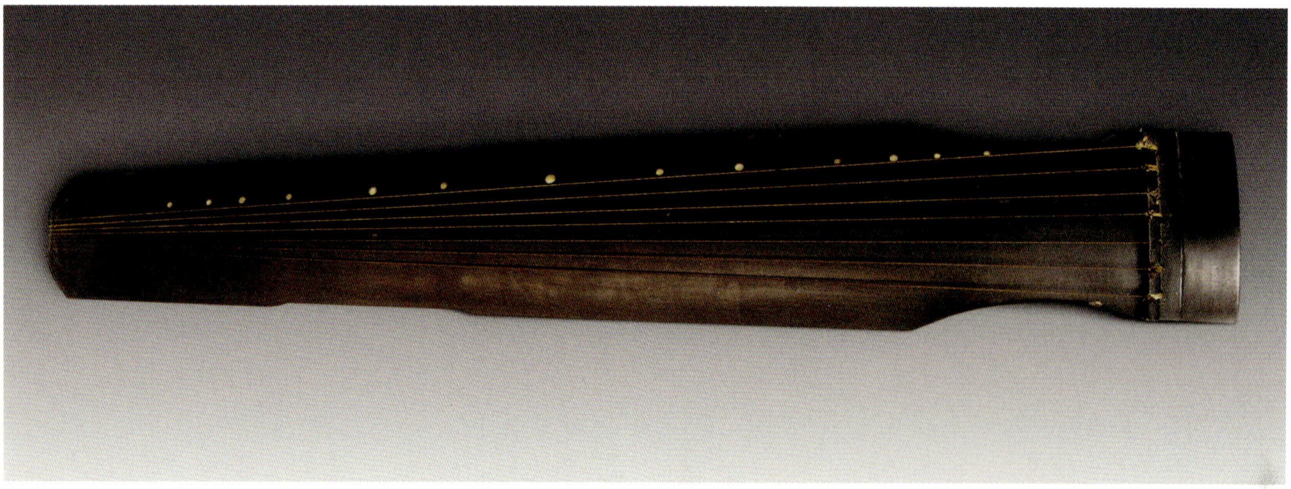

刘天华使用过的古琴

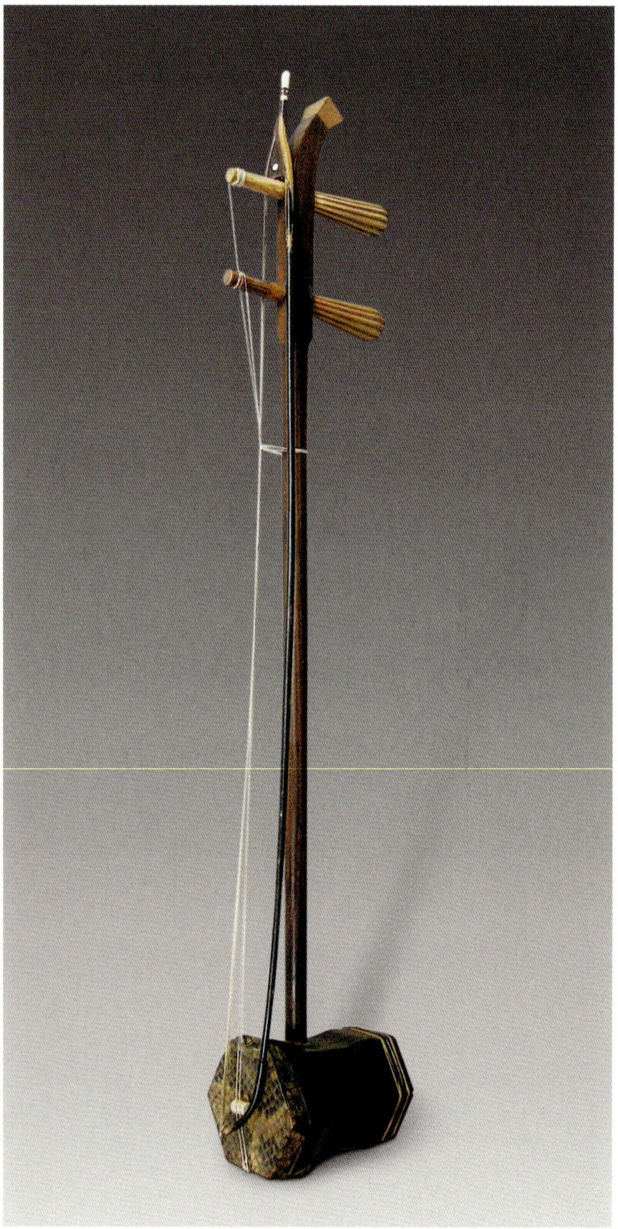

刘天华改革使用过的二胡（一型）

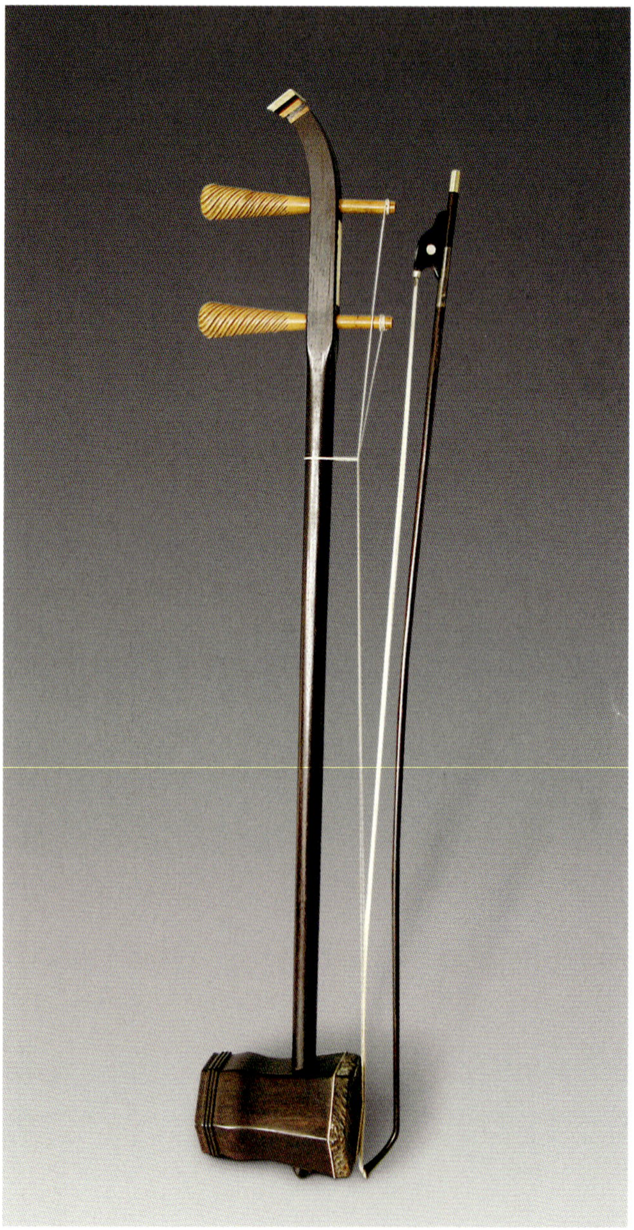

刘天华改革使用过的二胡（二型）

刘天华改革使用过的琵琶

刘天华使用过的笙

刘天华使用过的铜号

刘天华改革、刘北茂使用过的二胡

民族音乐大师刘北茂

刘北茂（1903～1981年）原名寿慈，江阴城内西横街人，半农、天华胞弟。1927年毕业于燕京大学英文系，先后任暨南大学、北京大学、北平大学女子文理学院、西北联合大学副教授，从事莎士比亚作品选读、诗学、作文指导等专业英语课的教学和研究。为继承二哥刘天华"改进国乐"的遗志，刻苦钻研二胡、琵琶演奏技巧，从事民族乐曲的创作实践，全力投入音乐教学、创作和演奏工作。1949年后，任中央音乐学院、安徽艺术学院、安徽师范大学教授。创作《太阳照耀到祖国边疆》、《欢乐舞曲》、《千里淮北赛江南》等百余首二胡独奏曲，忠实地继承和发展了刘天华建立的新型二胡学派事业。

刘北茂

刘北茂使用过的竹笛

刘天华改革、刘北茂使用过的琵琶

江阴市天华艺术学校

创办于1985年，是一所集幼儿园、小学、初中、高中为一体的全日制寄宿学校。致力于民族音乐的教学与传承，20多年间已有3000多名学生分别获得市级以上艺术大赛金、银、铜奖，300多名学生分别考取了中央音乐学院、中国音乐学院等高等学府。同时，出访欧洲等，并在奥地利金色大厅举办音乐会，开创了中小学生在金色大厅举行音乐会的先河，为中国民族音乐的发展作出了积极贡献，标志着江阴刘天华开创的民族音乐事业后续有人。

天华艺校现代化教学大楼

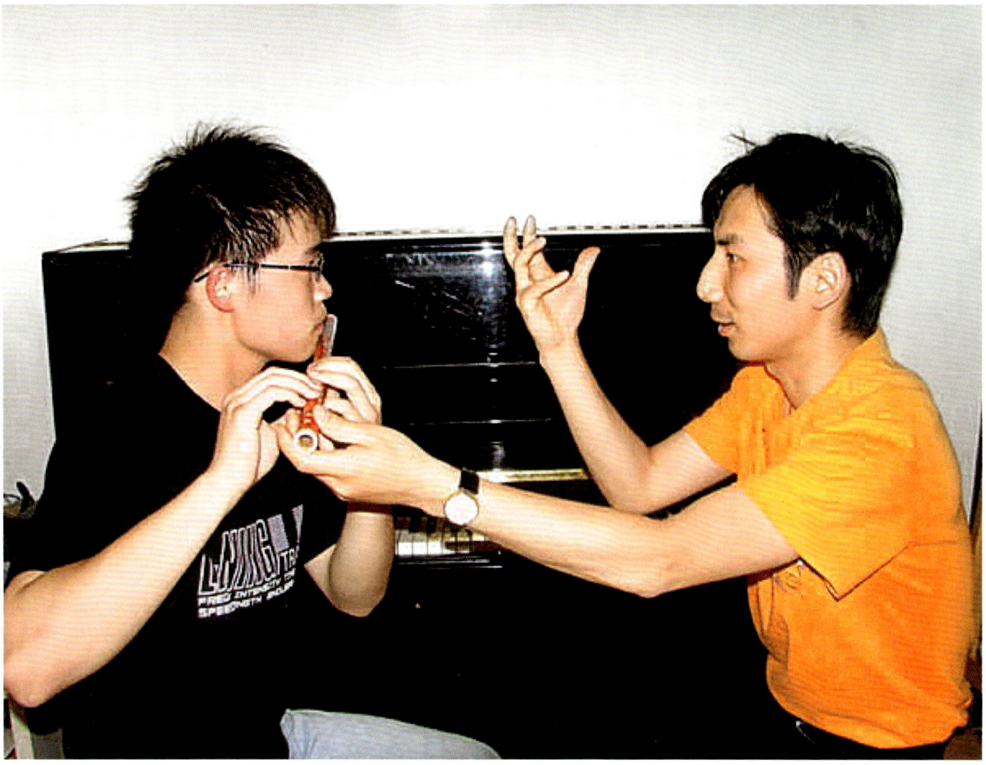

竹笛老师在辅导学生

二胡老师在为学生授课

天华艺校师生在台湾举办两岸青少年国乐联演

天华艺校师生在奥地利金色大厅举办民族音乐会

江阴三百少年儿童二胡齐奏《光明行》

江南丝竹在江阴有着广泛的群众基础

笛子演奏大师陆春龄为江阴观众演奏

二胡演奏大师闵惠芬经常来澄召开二胡独奏会，传授二胡艺术

江阴国乐团在江南丝竹演奏会上演出

上海女子民乐演奏组合在江南丝竹演奏会上献艺

古邑江阴

地处长江三角洲腹地的江阴，枕山负水，襟带三吴，得江海之便利，钟灵毓秀。人说城不在大，而在于山有势，水有灵，物有来历，人有精神。从古到今，沿着7000年历史，穿越吴风楚韵，一路走来，昔日那一排排交相错落的枕河民居，一幢幢粉墙黛瓦的庭院，一条条依河临水的古拙街巷，一座座建造精巧的石拱古桥，造就了江阴特有的水乡神韵。

江阴乃鱼米之乡，“江田插秧鹁鸪雨，丝网得鱼云母鳞”。这是古代诗人对美丽富饶水乡江阴的真实写照。到清末民初，江阴就有了“一青阳，二华士，三周庄，四祝塘”之说。其实除了这四大镇外，还有长泾、顾山、北涸、夏港等亦颇具盛名。随着时代的变迁，改革开放的步伐加快，江阴市人民政府在经济建设中积极保护历史文化。昔日曾有“小小江阴城，大大青阳镇”之誉的青阳，依然保留着千米古漕河及千米老街，三元、迎秀两座石拱古桥一南一北扼守在漕河两端，葛氏宗祠、沈氏宗祠、方家老宅等古建筑、古民居及沿河众多古老的石驳水码头，构成了一幅水乡画卷。

江苏省历史文化名镇、著名电影表演艺术家上官云珠故里长泾，古老的泾水河从镇区穿过，两岸民居傍水而建，临水而居，一条千步石板老街及东舜城遗址、梁代水利工程梁武堰、上官云珠故居、张家大院、顾家楼、古牌坊、蚕种场等一批人文景观和工业遗产及众多古民居，展示着长泾古镇深厚的历史文化底蕴。

位于江阴东南，有澄、锡、虞三县通衢之称的顾山，宋、元时属东舜乡，明代成市集，清时设镇。顾山西坡有新石器时代遗址，北麓有香山寺和南梁昭明太子萧统“文选楼”遗

址，镇东北有“海内孤木”千年红豆树，镇西有石拱古桥——犀带桥，一条明清老街风貌依旧，风情犹存。

江阴除了青阳、长泾、顾山三个古镇，还有徐霞客故里马镇境内的湖塘里、北渚两个古村落。湖塘里在宋元时为邮递驿道必经之地，久而形成市集，曾为马镇乡治所。一条青砖铺筑的老街沿湖塘河北岸而建，临河居民依水建宅，阁楼水榭半入河，粉墙黛瓦水中映，织成江南水乡梦幻般的景色。北渚南与无锡堰桥隔河相望，形成于宋元，兴盛于明清，到民国年间已成为江阴南乡有名市集，至今老街保存着昔日风貌。始建于明代的单孔石拱青龙桥，依然静静地伏卧在青龙河口，诉说着昔日的历史。

“小桥流水人家”，桥是江南水乡的符号。目前，江阴保存完好的古桥梁还有20余座，主要分平板和石拱两种。江阴最古老的桥是南闸的紫金桥，至今已有1000多年的历史了，是江阴唯一的宋代桥梁。江阴最大的桥是夏港的万安桥，也称延陵桥，是江阴仅有的一座三孔石拱桥，高大伟岸。江阴最小的桥要数马镇慈云寺的马鞍桥，跨径不足1米，宽仅尺许。江阴最具功能的桥，一是南门五云桥，一是长泾汤村桥。五云桥为单孔石拱桥，架于南门漕河南端，桥下设有纤路，船过桥洞，纤夫可免脱纤之劳。汤村桥为三孔平板桥，桥在村后。南桥堍中间铺设有数块响板，下面中空，如有强盗或窃贼进村，不小心踏到石板，便会发出清脆声响，报警村民。江阴最有名的桥当属胜水桥，当年徐霞客每次出游，他的老母及家人都要站在桥上送行，这里是徐霞客出游的起点。

古镇、古村落、古桥、古建筑展现了江阴美丽的水乡古韵，正是其魅力所在。

长泾古镇

长泾古镇宋代名东城里，明更名东舜乡。按《风月记》载：舜曾居此，故名。因集镇建于泾水河两岸，清康熙年间遂改今名。长泾历史悠久，文化发达，今存东舜城、梁武堰遗址、千米石板老街、蚕种场、石牌坊、上官云珠故居、张大烈故居等人文景观，为江阴东乡有名集镇。

长泾古镇民居

长泾古镇民居

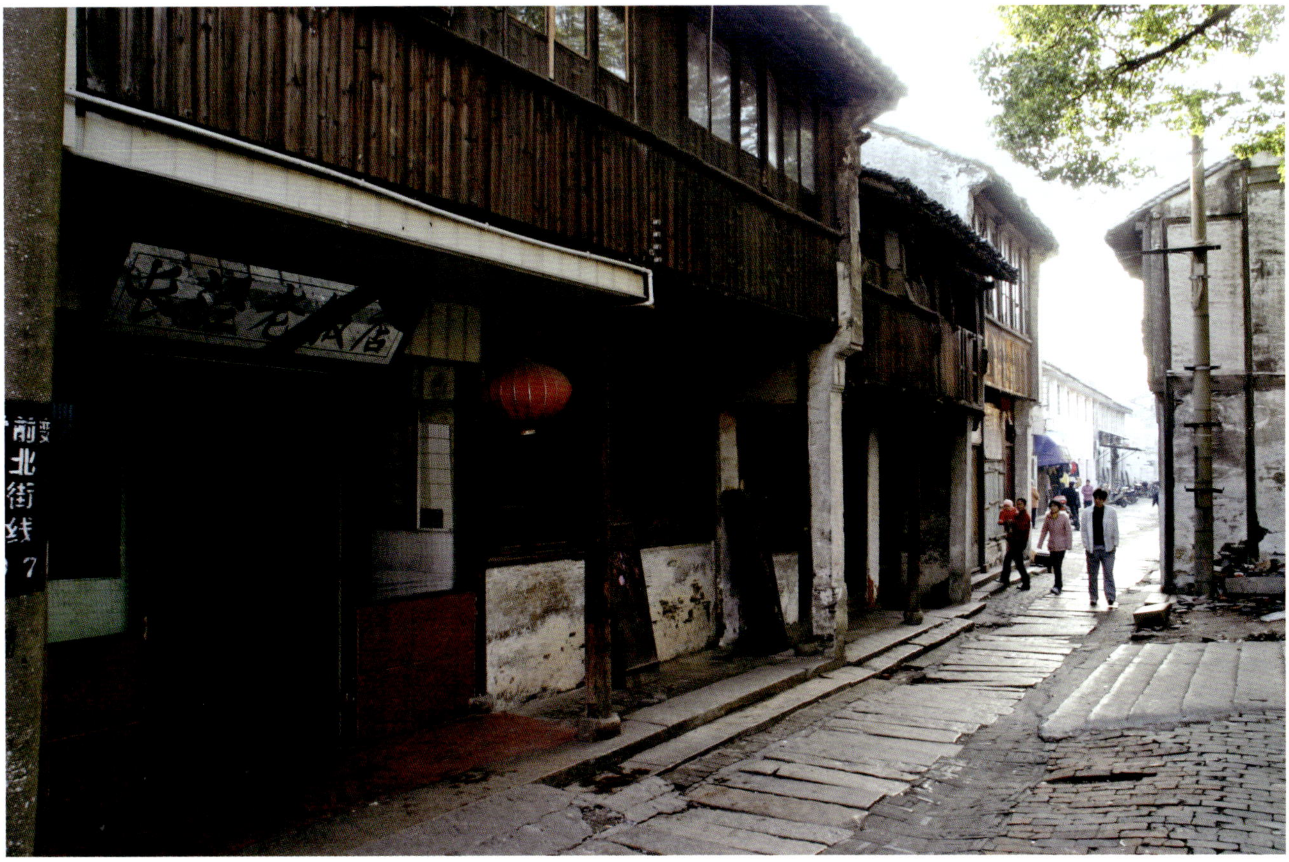

长泾古镇民居

泾水两岸民居

临水民居

临水民居

临水民居

廉珉轩图书馆

廉珉轩图书馆原为长泾顾氏旧宅，建于民国时期，为三开间二层二进砖木结构西式建筑。20世纪末由顾铁华捐赠当地政府，辟为图书馆，造福乡梓。

廉珉轩图书馆一隅

廉珉轩图书馆平台走廊及第二进建筑

廉珉轩图书馆

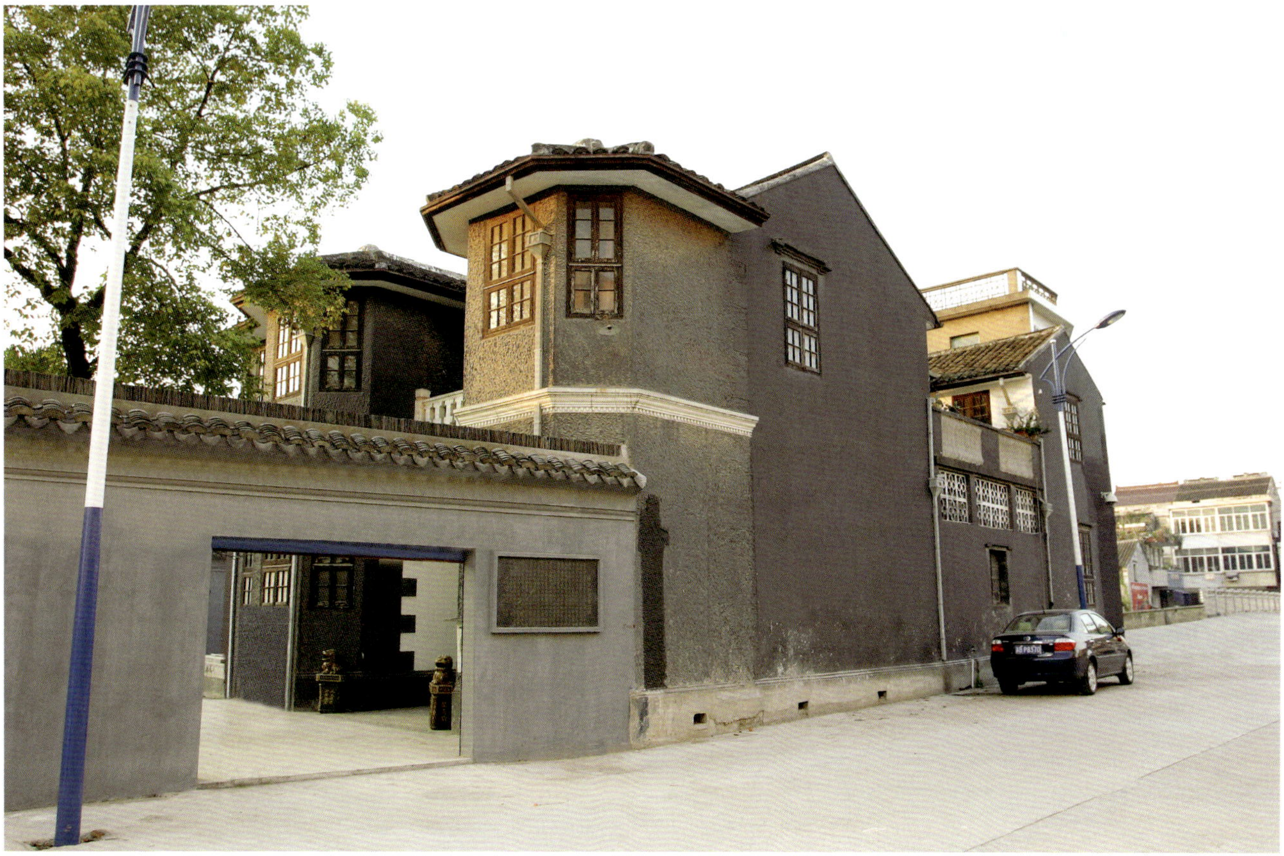

廉珉轩图书馆

青阳古镇街巷

青阳古镇

青阳位于江阴市南部，锡澄运河中段。其历史悠久，早在6000多年前，就有先人在此生息繁衍，宋代逐渐形成市井，明清已“烟火千家”、“舟车辐辏”，市况繁盛，为江阴、无锡、武进3县10多个集镇联系的重要纽带。如今古镇风貌依旧，文物古迹保存完好，尽显水乡风韵。

青阳古镇街巷

青阳古镇民居

青阳镇内古漕河及沿岸民居

傍河而建的古民居

傍河而建的古民居

沈氏宗祠

位于青阳镇北沿河中段。坐西朝东，面临市河街。三进，面阔五间，进深七架，硬山式砖木结构。院内设有小戏台。占地面积6000平方米，建筑面积750平方米。沈氏为青阳望族，多有善举，先祖沈惟素曾募建泗州大圣宝塔，青阳中心桥亦为明代沈氏所建。沈氏代有人才，清雍正帝曾为法师沈桐山在青阳敕建“锦树道观”（今中心幼儿园内），民国年间沈氏连任青阳乡董达14年之久，沈振家在新中国成立之初曾担任上海市长陈毅的顾问。2009年4月，由江阴市人民政府公布为文物保护单位。

沈家祠堂将军门

沈家祠堂

沈家祠堂一隅

沈家祠堂戏台

沈家祠堂飨堂

青阳吴家祠堂

顾山古镇

顾山镇位于江阴市东南部，形成于南宋，清康熙三年始称镇，以山得名，自古素有“金顾山”之称。顾山高50余米，山上有春秋时期石室土墩，山麓有梁代香山寺、天香阁，昭名太子读书台、文选楼、手植红豆树，犀带桥，永安桥和周水平烈士墓，集镇老街、民居犹存，风貌依旧。

顾山老街民居

顾山老街民居

红豆树

红豆树位于顾山红豆村。相传系南梁昭明太子手植，距今已1400多年。与奇人徐霞客、奇碑“心经碑”誉为“江阴三奇”，虽年代久远，如今仍枝叶茂盛，遮阴面积达198平方米，是亚热带纬度最北的一个珍贵品种，被植物界称为“世界孤木”。1981年8月，由江阴县人民政府公布为文物保护单位。

1991年，红豆树满树开花的壮观场面

红豆树

硕大的豆荚和鲜红的果实

开花时的红豆树

在红豆树旁生出幼苗

北渚古村

北渚古村

北渚古名博潴，位于江阴与无锡交界处，南与堰桥隔河相望。宋时形成集市，于明、清、民国逐渐兴盛。水域宽广，有青龙、博潴、安庆、汤安4座古桥架于北渚河，今青龙桥及老街、古民居保存完好，古风犹存。

桃花盛开映古宅

北渚老街及民居

北渚老街及民居

北渚老街及民居

北渚老街及民居

湖塘里古村

位于江阴市徐霞客镇东隅。其始于宋元，成于明清，兴于民国，经数百年发展，至20世纪50年代一度繁华闻名江阴南乡。

湖塘里因湖塘河而得名，老街呈东西向，临河而建，民居青砖白缝，粉墙黛瓦，错落有致，水榭阳台，倒影水中，颇具江南水乡特色。昔日老街茶馆、店铺林立，市井繁盛。虽时代变迁，如今盛况不再，然村落和老街风貌依旧，保存完好。

湖塘里古村

湖塘里老街

湖塘里老街及民居

湖塘里风貌

湖塘里老街及民居

湖塘里老街及民居

古桥遗存

旧时的江阴水网密布，河多桥多，桥是江南水乡的符号。江阴过去有成百上千座桥，仅江阴老城里说得上名字的桥就有上百座之多。城中心的虹桥，北门的桥上桥，南门的八字桥，还有江阴最大的石拱桥——夏港万安桥，最小的桥——马镇慈云寺马鞍桥，最有名的桥——徐霞客故里胜水桥，还有年代最久建于宋代的南闸紫金桥，给人留下深刻印象。

如今，随着陆地交通的发达，古桥已退出历史舞台。江阴目前仅存的20余座古桥，已成为历史文化遗产而受到保护。

安乐唐桥　跨于湖塘河上，青石单孔并列式石拱桥，全长25米，跨径5.5米，矢高3.5米，桥宽2.4米。据桥西侧拱券上碑刻记载，该桥由马镇安乐唐氏始祖唐选（字子荣）在桥头村朱氏资助下，于明洪武十年（1377年）建造。2009年4月，由江阴市人民政府公布为文物保护单位

三元桥　又名南新桥，架于青阳镇漕河南端，始建于明嘉靖六年（1527年）。1992年9月，由江阴市人民政府公布为文物保护单位

三元桥

迎秀桥　又名北新桥，架于青阳镇漕河北端，始建于明嘉靖六年（1527年）。1992年9月，由江阴市人民政府公布为文物保护单位

迎秀桥

迎秀桥石狮

青龙桥　架于北渚河上，始建于清乾隆十年（1745年）。1992年9月，由江阴市人民政府公布为文物保护单位

犀带桥　始建于清乾隆年间，原称西桥，为纪念在顾山修《文选》的南梁昭明太子萧统而改今名。1992年9月，由江阴市人民政府公布为文物保护单位

董庄桥　位于长泾镇南泀村。东西向，跨于沙子港河上。清乾隆年间由乡绅郭天竣发起捐修，因村边有慧济庵，桥成有惠民济渡之利，故又名惠济桥。为三跨平板石桥，桥身长12米，两岸引桥各约3米。每孔由3块长5.3米、宽0.6米、厚0.3米的麻石组成桥面，共9块。桥两侧有石柱8根，石护栏板6块。中间两侧石条上各镌“惠济桥”3字；桥孔两端石条两侧刻有花纹。桥墩以条石垒砌成下大上小的长方形。此桥现仍在使用，除石栏板有所遗缺外，其余完好。2009年4月，由江阴市人民政府公布为文物保护单位

永安桥桥墩

永安桥桥墩楹联

永安桥　为三孔平板石桥，建于清乾隆三十三年（1768年），为旧时北涸进入顾山去常熟、无锡的交通要道。2000年4月，由江阴市人民政府公布为文物保护单位

永安桥

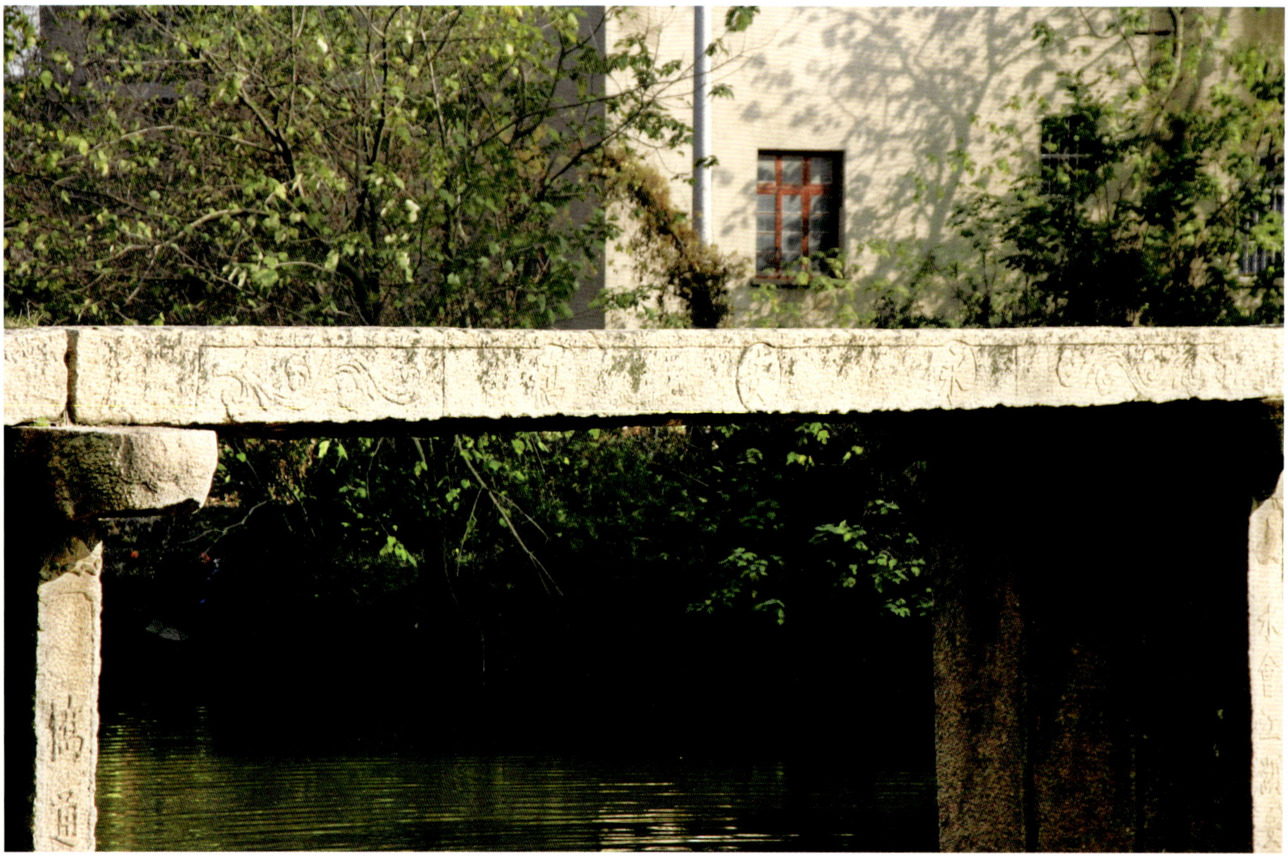

永安桥桥身雕刻与桥名

紫金桥　为单孔石梁桥，位于南闸涂镇村，建于宋代，2004年重修。1992年9月，由江阴市人民政府公布为文物保护单位

紫金桥桥梁上的宋代铺首

苏墅桥　为三孔平板石桥，亦称活人桥、景家桥，位于新桥镇苏士村，始建于明嘉靖年间，清顺治五年（1648年）重建。因在桥旁出土“东坡别业”碑刻而改今名，1992年9月，由江阴市人民政府公布为文物保护单位

苏墅桥

马镇大桥　架于锡澄界河上，由徐霞客先祖徐泰于明景泰年间建造，为古代南北驿路要道，民国年间重修。1985年10月，由江阴县人民政府公布为文物保护单位

马镇大桥桥身上镌刻的桥名

马镇大桥桥身上镌刻的桥联

马镇大桥桥身上镌刻的桥联

万安桥　又名夏港桥、延陵桥，架于夏港河上，始建于明隆庆四年（1570年）。1982年8月，由江阴县人民政府公布为文物保护单位

横沟庙桥　架于南闸黄沟河上，始建于明

西帝桥　架于石庄老桃花港上，始建于清末

桐岐万安桥　始建于明嘉靖初年。1992年9月，由江阴市人民政府公布为文物保护单位

附录

一 江阴建制沿革表

朝代	时间	建置
夏	前21～前16世纪	属九州之扬州
商	前16～前11世纪	属扬州吴泰伯之勾吴
周	前11～前771世纪	属扬州之勾吴，是为季札封地 越灭吴，属越 楚灭越，属楚，为春申君黄歇封邑
秦	秦王政二十五年（前221年）	属会稽郡之延陵乡
汉	高祖五年（前202年）	建暨阳乡，属毗陵县
西晋	太康二年（281年）	置暨阳县
南北朝	梁敬帝绍泰元年（555年） 陈永定元年（557年）	废暨阳县，置江阴郡 陈霸先在江阴郡设江阴国，封梁敬帝为江阴王
隋	开皇九年（589年）	江阴国除，废江阴郡，置江阴县
唐	武德三年（620年）	置暨州于江阴县
五代	南唐升元元年（937年）	置江阴军领江阴县
北宋	淳化元年（990年） 熙宁四年（1071年）	废军为县，三年复置 废军为县
南宋	建炎二年（1128年）	复置为军
元	至元十三年（1276年） 至元二十五年（1365年） 至元二十七年（1367年）	江阴军升为江阴州，不久升为上州 朱元璋即吴王位，改江阴军为连洋州，未几改称江阴州 降江阴州为县
明		仍置江阴县，属常州府
清		
民国		
中华人民共和国	1953年 1983年 1987年	江阴县属苏州专区 江阴县属无锡市 改江阴县为江阴市（县级），仍属无锡市

注：自汉置“暨阳乡”起，江阴先后设过县、郡、国、州、军。1987年撤县建市。

二　全国、省文物保护单位名录及简介

徐霞客故居及晴山堂石刻

徐霞客故居位于江阴市徐霞客镇马镇南阳岐村东端。始建于明代，现有房屋三进两侧厢，以及两个天井、一个水井和后花园，占地1160平方米，建筑面积500平方米。徐霞客是我国明代杰出的地理学家、旅行家和游记文学家。故居第二进五间花厅设有陈列展览，详细介绍徐霞客的生平事略及其对岩溶地貌、水道地理的研究成果。第三进正厅名“崇礼堂”。前天井东侧存有徐霞客手植罗汉松一株。故居东南号称360亩荡西岸水网内泽要道上，有始建于明代的胜水桥，相传徐霞客每次乘船出游，徐母都会在此送行。故居西南约百米处的晴山堂原系明泰昌元年（1620年）徐霞客为纪念母亲重病痊愈在老宅旁所建，取“晴转南山”之意名“晴山堂”。壁间嵌砌有誉为“与唐碑宋碣并重”的晴山堂石刻，共计76块，其中有倪瓒、宋濂、董其昌、米万钟、李东阳、文徵明、祝允明、黄道周等元末、明代名重海内的书画家、文学家及士大夫的手迹。它集明代书法艺术之大成，既有重要的文学、书法价值，又是研究徐霞客的宝贵文献资料。后晴山堂毁于兵燹，幸石刻犹存。晴山堂后园有1985年按《徐氏宗谱》所附墓制图重建的徐霞客墓。这些都是“游圣”徐霞客活动的珍贵的见证和遗物。2001年6月由国务院公布为全国重点文物保护单位。

心经碑

原为纸本，置于江阴乾明广福禅寺观音殿壁间，南宋淳熙十四年（1187年），兵部侍郎耿秉命人摹刻于石，明嘉靖末年毁于大火。今碑为清嘉庆三年（1798年）照摹本重刻，现嵌砌于江阴市区中山公园东侧铁佛寺旧址北壁间。据考证，该碑为唐代异僧道松所书，由6块长方形大青石拼组而成，通高3米，宽5.5米，上刻《般若波罗密多心经》一卷，计279字，分13行竖刻，字体为狂草，笔走龙蛇，气势恢宏，结构严谨，字形多变。其中“多”字一撇长207厘米；“声”字径横宽达55厘米，最细一笔宽仅1厘米，粗笔宽达7厘米。各字上下左右，大小斜正，相互呼应，一气呵成。字体雄健有力却又婉转流畅。初看似反写，实为正书，奇妙异常。心经碑不仅书法艺术高超，而且镌刻技法精湛，在光线折射下阴刻碑文却让人感受有浮雕立体之感，堪称中国现存古代碑刻之最，为我国古代书法和镌刻艺术之珍品。1982年3月由省人民政府公布为江苏省文物保护单位。

黄山炮台旧址

位于江阴城北黄山上。明嘉靖年间为防倭患，始在黄山的大石湾、小石湾构筑炮堤。清代后期，自第二次鸦片战争始，清政府为抵御外国侵略者舰队的攻击，多次扩建黄山炮台。1912年孙中山视察黄山炮台后，拨款将其逐渐改进成“洋炮台”，并正式划黄山为军事要塞。1916年杨闇公在炮台策动官兵起义反袁。1937年9月至11月，要塞官兵配合海军与日军进行了为时三个多月的海空激战。1949年4月21日，中国人民解放军百万雄师横渡长江，我党地下工作者成功策动黄山炮台官兵举行了名震中外的要塞起义。现在，整个黄山炮台尚存国民时期钢筋混凝土结构炮台12座，机枪工事3处，观察所1座，弹药库3间，由西向东，分布在各个山头。此外，还有三合土构筑的明清古炮台（堤）遗址2处（500多米），清末由两江总督张之洞督建的混凝土炮台3座。黄山炮台历经明、清、民国三个时期400余年，延续时间之长、规模之大、保存之完好，为目前国内现存炮台遗址中少见，凸显了江阴江海锁钥、军事要塞的重要地位。1982年3月由省人民政府公布为江苏省文物保护单位。

江阴文庙

位于江阴市区人民中路196号，始建于北宋初年，历代葺建，规制严谨，是古时江南屈指可数的儒学圣域，是无锡地区唯一保存较为完整的学宫和奉祀孔子、儒学贤哲的祠庙。总体布局采用中轴对称的宫殿式，仿照山东曲阜孔庙的风格建造。据范仲淹《景佑重建文宣王庙记》碑载，宋初在江阴观风门外就建有文庙，供学子肄业其中。景祐三年（1036年），文庙迁到城内军治东南（现址）。元末遭战乱破坏，后经多次整修，形成了以大成殿、明伦堂、尊经阁、崇对祠、戟门、泮池三桥为主体，庑、斋、坊、亭俱全，左庙制，右学制，周长1539米的文庙建筑群。清代经康、雍、乾三朝多次增葺整修，文庙规制至此大备。1996年，江阴市人民政府对其进行全面修缮后向社会开放。修复后的江阴文庙占地8829.8平方米，南北纵深169.58米，总建筑面积3837.79米，次第三进，气势恢宏。1995年4月由省人民政府公布为江苏省文物保护单位。

兴国寺塔

位于江阴市区南街，为楼阁式砖木结构密檐式宝塔，是市内仅存的宋代古塔。始建于北宋太平兴国年间，原为太平兴国教寺之七级浮屠。宋大观初年失火，木制尽毁，只存七级；元至正年间遭战火毁坏。明洪武十七年（1384年）重建，正统年间修复，塔身增为九级。清嘉庆二十二年（1817年），塔内架木及顶毁于火灾，而砖壁筒体依然屹立。1925年1月26日，直奉军阀混战时，奉军发炮中残塔塔顶，遂成钢笔尖形。现6层以下仍为宋时原物。2002～2003年，江阴市人民政府在保护修缮的基础上，又围绕兴国寺塔修建了宋代园林风格的兴国园，演绎了江阴丰富的历史文化内涵，与近旁的省保单位江阴文庙、刘氏兄弟故居遥相呼应，构成了人文三角区。1995年4月由省人民政府公布为江苏省文物保护单位。

国民党江阴要塞司令部旧址

位于江阴市区高巷路2号，系江阴著名民族工商业家、爱国民主人士吴汀鹭于1917年建造。1937年被日寇抢占为驻澄司令部。1947年底，国民党军队将其作为要塞司令部。渡江战役发起之时，我地下党员在此成功策动了国民党官兵起义。江阴解放后，该地为驻澄解放军驻地。1949年4月，中国人民解放军华东海军机关在此成立。其后相继驻过海军、陆军部队，最后为解放军国防科工委二十三基地使用。江阴市人民政府和部队对其进行产权置换并实施修缮后，于2004年5月1日对外开放。该建筑有照壁、花园，以及前、中、后房屋三进，占地3752.7平方米，建筑面积1248.92平方米，前二进为中式古典建筑样式，继承了晚清时期建筑工艺和风格，第三进为吸收了西洋巴洛克风格的二层小洋楼。建筑所有外墙体均用清水方砖砌成，红灰相间，古香古色，堪称中西合璧的完美之作。2000年9月由省人民政府公布为江苏省文物保护单位。

刘氏兄弟故居

位于江阴市澄江街道西横街49号，是江阴“刘氏三杰”——“五四”新文化运动的先驱者、著名的文学家、语言学家刘半农，杰出的民族音乐家、现代二胡学派的奠基人刘天华，民族音乐大师、作曲家、教育家刘北茂三兄弟青少年时代的生活处所。该建筑由刘氏兄弟曾祖建于清末，距今已有150余年。故居为典型的江南晚清民居，硬山式砖木结构，由三开间、两进、两侧厢，前、中、后三个院落和三个天井组成，占地400平方米，建筑面积250平方米，至今仍保留着红天竺、水井、石鼓墩、晒酱台等遗迹。故居内部陈列生动形象地再现了当年刘氏三兄弟的生活场景。故居由刘氏兄弟后裔捐赠给江阴市人民政府。2005年又在故居西侧建造了1.2万平方米的“光明苑”小型精品园林，内设天华塑像、半农圃、北茂苑、音谱桥等主题小品，愈显深厚的文化气息和浓厚的历史氛围。2002年10月由省人民政府公布为江苏省文物保护单位。

适园

位于江阴市区南街，占地6亩有余，为邑内山水画师陈式金于清咸丰四年（1854年）就宅旁隙地所建，谓无意为园而适成之，故名适园，俗称“陈家花园”，后部分毁于庚申兵燹。其子陈曦唐补廊培屋，移树浚池，为园增色。日寇占领江阴时适园曾遭破坏。新中国成立后迭经人民政府拨款修葺，渐复旧观。园内凿湖垒山，湖北双峰叠翠，湖南有水流云在之轩，东连过香廊、曲桥，至秋声舫。舫前为响秋轩，舫后为易画轩，凡求画者须以诗相交换故名。再过斜廊达得爽亭，中嵌巨镜，湖光山色，尽收其中。沿回廊向北有敞厅名得蝶绕云山馆，西隅斗室名秋入琼波。旁有适安斋，廊壁间存有晋王羲之换鹅碑、元倪瓒山水画，以及明梁同书、董其昌等手迹石刻。此园古朴雅致，富有江南园林特色，被列为我国现存百座著名私家园林之一。2002年10月由省人民政府公布为江苏省文物保护单位。

长泾蚕种场

位于江阴市长泾镇北街东端。由长泾民族工商业家宋楚材创办，前身是大福蚕种场，1928年和1936年先后建有南、北两场，规模宏大，成为江南最大的蚕种基地，供江浙地区，名誉大江南北，1956年公私合营后改称江阴蚕种场，是无锡地区最早的国营蚕种场，在全省范围也仅稍晚于镇江，至今仍担负着江浙地区蚕种的供应。今南场已毁于战火，而北场保存完好。北场以砖木结构为主，坐北朝南，占地面积4898平方米，建筑面积5299平方米。前为平房院落，后为二进二层楼房。另有地下室，其中育蚕用具、温度调节、通风保暖设施、器具升降装置等均保存完整，是一处设计独特的民国建筑，也是国内不多见的反映我国蚕桑业的专用建筑，具有很高的历史和艺术价值。2002年10月由省人民政府公布为江苏省文物保护单位。

佘城遗址

位于江阴市云亭街道花山村高家墩。2001年10月至2002年7月对其进行了发掘。城址呈圆角长方形，南北长800米，东西宽400米，城内面积达32万平方米。城东、南、北有人工堆筑的城墙，城墙外有护城河遗迹，东城墙中部有木质水门设施。发现夏商时期房址2处（其中1处为大型干栏式建筑）、墓葬1座、灰坑16个、灰沟2条，并伴出大量的陶器、石器、青铜器等文化遗物计135件。经研究，遗址距今约4000～3000年，是目前发现的长江下游最早的古城，与《史记·吴泰伯世家》所记载的“泰伯奔吴”史实相吻合，为研究长江下游青铜时代和吴文化起源提供了有力的证据。2002年10月由省人民政府公布为江苏省文物保护单位。

祁头山遗址

位于江阴市澄江街道东郊贯庄村（原祁山村）南。2000年8月至2001年1月对其进行了钻探和抢救性发掘，发掘面积630平方米，清理灰坑39座、墓葬132座，出土各类遗物200余件，其中石器18件、玉器17件、陶器166件。文化层可分为14层，堆积厚度在3米以上，最深处达3.8米，耕土以下即为马家浜文化时期文化层，第三层以下即为大面积红烧土。遗址距今已有7000多年历史，是目前为止江阴境内发现的最早的古文化遗址，为马家浜文化树立了年代标尺，同时开创了以直筒平底腰沿釜为代表器物的全新文化类型。祁头山遗址出土的彩陶有别于国内现有的四大文化系统，应是独立存在的另一系统，是一处极具研究价值的古遗址，被列为2001年中国25项重要考古发现之一。2002年10月由省人民政府公布为江苏省文物保护单位。

三　全国、省、江阴市文物保护单位一览表

全国重点文物保护单位

序号	名称	年代	所在地	批次	公布日期
1	徐霞客故居及晴山堂石刻	明代	徐霞客镇马镇南阳岐村东端	第五批	2001年6月25日

江苏省文物保护单位

序号	名称	年代	所在地	批次	公布日期
1	心经碑	唐代，清嘉庆三年（1798年）重刻	澄江街道中心公园心经碑房内	第三批	1982年3月5日
2	黄山炮台旧址	明至民国	澄江街道黄山至鹅鼻山	第三批	1982年3月5日
3	江阴文庙	宋至清	澄江街道人民中路196号	第四批	1995年4月19日
4	兴国寺塔	北宋	澄江街道中山南路58号兴国园内	第四批	1995年4月19日
5	国民党江阴要塞司令部旧址	民国初	澄江街道高巷路2号	第四批（补）	2000年9月5日
6	刘氏兄弟故居	清代	澄江街道西横街49号	第五批	2002年10月22日
7	适园	清代	澄江街道南街198号	第五批	2002年10月22日
8	江阴蚕种场	1928年	长泾镇东街7号	第五批	2002年10月22日
9	佘城遗址	新石器时代	云亭街道花山村高家墩	第五批	2002年10月22日
10	祁头山遗址	新石器时代	澄江街道祁山村南	第五批	2002年10月22日

江阴市文物保护单位

序号	名称	年代	所在地	批次	公布日期
1	罗汉松	明代	徐霞客镇马镇南阳岐村东端	第一批	1978年9月11日
2	红豆树	不详	顾山镇红豆村	第二批	1981年8月
3	中山公园	北宋	澄江街道虹桥北路	第三批	1982年8月10日
4	古紫藤	北宋	澄江街道中山公园内	第三批	1982年8月10日
5	广福寺重建观音殿记碑	元代	澄江街道中山公园内	第三批	1982年8月10日
6	王羲之换鹅碑	清道光十八年（1838年）	澄江街道南街198号	第三批	1982年8月10日
7	倪云林山水石刻	清道光二十八年	澄江街道南街198号	第三批	1982年8月10日
8	广济古泉	宋代	澄江街道民运巷	第三批	1982年8月10日
9	舜过井	不详	澄江街道青果路10号	第三批	1982年8月10日
10	胜水桥	明至民国	徐霞客镇马镇南阳岐村东端	第三批	1982年8月10日
11	夏港万安桥	宋至清	夏港街道老夏港街东梢	第三批	1982年8月10日
12	渡江战役烈士墓	1949年，1971年重建墓	夏港街道李沟头村	第三批	1982年8月10日（1992年9月补报）
13	高城墩遗址	新石器时代	璜土镇大坎村高城墩自然村	第四批	1985年9月10日
14	楚春申君黄歇墓	战国时期	澄江街道君山西麓	第四批	1985年9月10日
15	吴王八子墓	春秋时期	周庄镇缴湖村	第四批	1985年9月10日
16	陶城遗址	新石器时代	周庄镇陶城村	第四批	1985年9月10日
17	中共江阴县第一次党代会会址	1928年	周庄镇何家庄耿家住基	第四批	1985年9月10日
18	吴焜烈士埋葬处纪念碑	1985年	周庄镇倪家巷村定山中庵遗址	第四批	1985年9月10日
19	太平军丰功碑亭	1985年	华士镇华明村倪家湾	第四批	1985年9月10日
20	梁武堰	南朝梁代	长泾镇长南村	第四批	1985年9月10日
21	周水平烈士墓	1927年	顾山镇水平村周东庄	第四批	1985年9月10日
22	马镇大桥	明至民国	徐霞客镇马镇老马镇街东梢	第四批	1985年9月10日
23	奚佐尧烈士墓	1927年	徐霞客镇马镇北渚烈士陵园	第四批	1985年9月10日

序号	名称	年代	所在地	批次	公布日期
24	吴季子墓	春秋时期	申港街道申港小学（原申港中学）内	第四批	1985年9月10日
25	梁敬帝墓	南朝梁代	利港镇西石桥苍墩村	第四批	1985年9月10日
26	姬光太子墓	春秋时期	璜土镇姬墩山	第四批	1985年9月10日
27	陈毅同志演讲处	1939年	璜土镇前栗山崇圣寺内	第四批	1985年9月10日
28	曹颖甫故居	清代，1990年移建	澄江街道司马街20号	第五批	1992年9月4日
29	三公祠碑刻	清代	江阴市天华文化中心博物馆内	第五批	1992年9月4日
30	南菁书院碑刻	清代	澄江街道人民中路135号南菁高中内	第五批	1992年9月4日
31	江苏学政节署仪门	清代	澄江街道中山公园内	第五批	1992年9月4日
32	墨华榭碑刻	明、清	澄江街道中山公园内	第五批	1992年9月4日
33	杨名时墓	清代	澄江街道东门外河北街87弄12号（阳光路南侧）	第五批	1992年9月4日
34	五云桥	清代	澄江街道南门外原铁合金厂东围旁	第五批	1992年9月4日
35	武庙	清代	澄江街道君山西麓君山巷52号	第五批	1992年9月4日
36	古酒圣杜仲宁墓	明代	澄江街道迎宾路22号	第五批	1992年9月4日
37	松风亭	宋代	澄江街道君山西坡	第五批	1992年9月4日
38	曹氏宗祠	清代	周庄镇缴湖村	第五批	1992年9月4日
39	苏墅桥	清代	新桥镇苏墅桥村	第五批	1992年9月4日
40	张大烈故居	清代	长泾镇南街南巷门	第五批	1992年9月4日
41	犀带桥	清代	顾山镇西街梢	第五批	1992年9月4日
42	承先桥	明代	祝塘镇文林三房村	第五批	1992年9月4日
43	徐霞客墓	明代，1978年移建	徐霞客镇马镇南阳岐村南	第五批	1992年9月4日
44	青龙桥	清代	徐霞客镇马镇北渚街东梢	第五批	1992年9月4日
45	凌统墓	三国	青阳镇悟空村	第五批	1992年9月4日
46	南新桥	明代	青阳镇南街梢	第五批	1992年9月4日
47	北新桥	明代	青阳镇北街梢	第五批	1992年9月4日
48	桐岐万安桥	清代	青阳镇桐岐王大坎	第五批	1992年9月4日

序号	名称	年代	所在地	批次	公布日期
49	双桥	明代	月城镇双桥村	第五批	1992年9月4日
50	紫金桥	宋代	南闸街道涂镇村西	第五批	1992年9月4日
51	金武祥故居	清代	璜土镇大岸村	第五批	1992年9月4日
52	新桥	明代	璜土镇石庄桃花港口	第五批	1992年9月4日
53	南菁书院旧址	清代	澄江街道人民中路135号	第六批	2000年4月14日
54	巨赞法师故居	清代	澄江街道东郊贯庄村东	第六批	2000年4月14日
55	唐公祠	清代	澄江街道无锡街	第六批	2000年4月14日
56	利用纱厂水塔	清代	澄江街道利用纱厂旧址绿地内	第六批	2000年4月14日
57	永安桥	清代	顾山镇永安村	第六批	2000年4月14日
58	广德桥	清代	青阳镇桐岐新安村	第六批	2000年4月14日
59	朱杏南故居	民国	夏港街道中街老政府内	第六批	2000年4月14日
60	泗州大圣宝塔遗址	宋代	青阳镇悟空村	第七批	2009年4月28日
61	八字桥旧址	明代	澄江街道忠义街运粮河与新河交界	第七批	2009年4月28日
62	迎驾码头旧址	清代	澄江街道忠义街运粮河西岸	第七批	2009年4月28日
63	砂山石室土墩群	春秋	华士镇砂山东峰至五峰顶山脊	第七批	2009年4月28日
64	葛氏宗祠	清代	青阳镇南沿河街50号	第七批	2009年4月28日
65	沈氏宗祠	清代	青阳镇北沿河街中段	第七批	2009年4月28日
66	赵氏宗祠	清代	华士镇白龙山北麓	第七批	2009年4月28日
67	沈家冲祠堂	清代	徐霞客镇峭岐沈家冲西北	第七批	2009年4月28日
68	吴文藻、冰心故居	清代	夏港街道万安东路南	第七批	2009年4月28日
69	周少梅故居	清代	顾山镇人民路北端	第七批	2009年4月28日
70	上官云珠故居	清代	长泾镇河北街152号	第七批	2009年4月28日
71	聚奎亭	明代	澄江街道中山公园内	第七批	2009年4月28日
72	廉珉轩	清代	长泾镇河南街文化路2号	第七批	2009年4月28日
73	夏氏贞节牌坊	清代	长泾镇河北街	第七批	2009年4月28日
74	吴孝子牌坊	清代	夏港街道万安东路万安桥堍	第七批	2009年4月28日

序号	名称	年代	所在地	批次	公布日期
75	钱土纱业公所	晚清、民国	澄江街道北大街117号	第七批	2009年4月28日
76	乐群堂（含乡公所）	清、民国	周庄镇河东街周庄中心小学内	第七批	2009年4月28日
77	唐家楼	民国	周庄镇集镇大西街123号	第七批	2009年4月28日
78	景云楼	民国	华士镇自由街	第七批	2009年4月28日
79	万源布厂	民国	青阳镇南沿街	第七批	2009年4月28日
80	尚仁中学旧址	民国	青阳镇塘头村	第七批	2009年4月28日
81	青阳茧行	民国	青阳镇南沿河街50号	第七批	2009年4月28日
82	建业窑与五金厂旧址	现代	华士镇华西村	第七批	2009年4月28日
83	黄山标校塔	现代	澄江街道黄山龙岗头	第七批	2009年4月28日
84	安乐唐桥	明代	祝塘镇文林西旸桥头村北	第七批	2009年4月28日
85	董庄桥	清代	长泾镇南澗村	第七批	2009年4月28日
86	何彦桥	清代	华士镇蔡河村	第七批	2009年4月28日
87	惠济桥	清代	月城镇双泾村西北部	第七批	2009年4月28日